华东校外教育区域级重点课题

中华传统文化教育系列丛书

中华传统经典诵读

（二）

王琳 张丽军 主编

山东教育出版社

图书在版编目（CIP）数据

中华传统经典诵读．二 / 王琳，张丽军主编．—济南：山东教育出版社，2016

（中华传统文化教育系列丛书）

ISBN 978-7-5328-9334-8

Ⅰ．①中… Ⅱ．①王… ②张… Ⅲ．①传统文化—中国—少儿读物 Ⅳ．① K203-49

中国版本图书馆 CIP 数据核字（2016）第 070108 号

责任编辑 李广军 陈 沐

制　　作 邢 丽

中华传统经典诵读 （二）

王 琳 张丽军 主编

主　　管：山东出版传媒股份有限公司

出版者：山东教育出版社

（济南市纬一路321号 邮编：250001）

电　　话：（0531）82092664 传真：（0531）82092625

网　　址：www.sjs.com.cn

发行者：山东教育出版社

印　　刷：山东海博印务有限公司

版　　次：2016年5月第1版第1次印刷

规　　格：787mm×1092m 16开本

印　　张：12.5印张

字　　数：245千字

书　　号：ISBN 978-7-5328-9334-8

定　　价：29.00元

（如印装质量有问题，请与印刷厂联系调换）

印厂电话：0536-3501770

《中华传统文化教育系列丛书》编辑委员会

本书编辑委员会

目录

lún yǔ

论语

《论语》是儒家学派的经典著作之一，由孔子的弟子及其再传弟子编撰而成，以语录体和对话文体为主，记录了孔子及其弟子言行，集中体现了孔子的政治主张、伦理思想、道德观念及教育原则等。《论语》与《大学》《中庸》《孟子》《诗经》《尚书》《礼记》《易经》《春秋》并称“四书五经”。

xué ér dì yī

学而第一

zǐ yuē　xué ér shí xí zhī　bú yì yuè hū　yǒu péng
子曰：“学而时习之，不亦说①乎？有朋
zì yuǎn fāng lái　bú yì lè hū　rén bù zhī　ér bú yùn　bú
自远方来，不亦乐乎？人不知，而不愠，不
yì jūn zǐ hū
亦君子乎？”

yǒu zǐ yuē　qí wéi rén yě xiào tì　tì　ér hào
有子曰：“其为人也孝弟②（悌），而好
fàn shàng zhě　xiǎn yǐ　bú hào fàn shàng　ér hào zuò luàn zhě
犯上者，鲜矣；不好犯上，而好作乱者，
wèi zhī yǒu yě　jūn zǐ wù běn　běn lì ér dào shēng　xiào tì yě
未之有也。君子务本，本立而道生。孝弟也
zhě　qí wéi rén zhī běn yú
者，其为仁之本与！”

zǐ yuē　qiǎo yán lìng sè　xiǎn yǐ rén
子曰：“巧言令色，鲜矣仁！”

zēng zǐ yuē wú rì sān xǐng wú shēn wèi rén móu ér bù
曾子曰："吾日三省吾身——为人谋而不
zhōng hū yǔ péng you jiāo ér bú xìn hū chuán bù xí hū
忠乎？与朋友交而不信乎？传不习乎？"

zǐ yuē dào qiān shèng zhī guó jìng shì ér xìn jié yòng
子曰："道千乘之国：敬事而信，节用
ér ài ren shǐ mín yǐ shí
而爱人，使民以时。"

zǐ yuē dì zǐ rù zé xiào chū zé tì jǐn ér
子曰："弟子，入则孝，出则弟，谨而
xìn fàn ài zhòng ér qīn rén xíng yǒu yú lì zé yǐ xué
信，泛爱众，而亲仁。行有余力，则以学
wén
文。"

zǐ xià yuē xián xián yì sè shì fù mǔ néng jié qí
子夏曰："贤贤易色，事父母，能竭其
lì shì jūn néng zhì qí shēn yǔ péng yǒu jiāo yán ér yǒu
力，事君，能致其身，与朋友交，言而有
xìn suī yuē wèi xué wú bì wèi zhī xué yǐ
信。虽曰未学，吾必谓之学矣。"

zǐ yuē jūn zǐ bú zhòng zé bù wēi xué zé bú gù
子曰："君子不重，则不威，学则不固。
zhǔ zhōng xìn wú yǒu bù rú jǐ zhě guò zé wù dàn gǎi
主忠信。无友不如己者。过，则勿惮改。"

zēng zǐ yuē shèn zhōng zhuī yuǎn mín dé guī hòu yǐ
曾子曰："慎终，追远，民德归厚矣。"

zǐ qín wèn yú zǐ gòng yuē fū zǐ zhì yú shì bāng yě
子禽问于子贡曰："夫子至于是邦也，
bì wén qí zhèng qiú zhī yú yì yǔ zhī yú zǐ gòng yuē
必闻其政，求之与？抑与之与？"子贡曰：
fū zǐ wēn liáng gōng jiǎn ràng yǐ dé zhī fū zǐ zhī
"夫子温、良、恭、俭、让以得之。夫子之
qiú zhī yě qí zhū yì hū rén zhī qiú zhī yú
求之也，其诸异乎人之求之与？"

zǐ yuē fù zài guān qí zhì fù mò guān qí xíng
子曰：“父在，观其志；父没，观其行；
sān nián wú gǎi yú fù zhī dào kě wèi xiào yǐ
三年无改于父之道，可谓孝矣。”

yǒu zǐ yuē lǐ zhī yòng hé wéi guì xiān wáng zhī
有子曰：“礼之用，和为贵。先王之
dào sī wéi měi xiǎo dà yóu zhī yǒu suǒ bù xíng zhī hé ér
道，斯为美；小大由之。有所不行，知和而
hé bù yǐ lǐ jié zhī yì bù kě xíng yě
和，不以礼节之，亦不可行也。”

yǒu zǐ yuē xìn jìn yú yì yán kě fù yě gōng jìn yú
有子曰：“信近于义，言可复也。恭近于
lǐ yuǎn chǐ rǔ yě yīn bù shī qí qīn yì kě zōng yě
礼，远耻辱也。因不失其亲，亦可宗也。”

zǐ yuē jūn zǐ shí wú qiú bǎo jū wú qiú ān mǐn yú shì
子曰：“君子食无求饱，居无求安，敏于事
ér shèn yú yán jiù yǒu dào ér zhèng yān kě wèi hào xué yě yǐ
而慎于言，就有道而正焉，可谓好学也已。”

zǐ gòng yuē pín ér wú chǎn fù ér wú jiāo hé
子贡曰：“贫而无谄，富而无骄，何
rú zǐ yuē kě yě wèi ruò pín ér lè fù ér hào lǐ
如？”子曰：“可也。未若贫而乐，富而好礼
zhě yě
者也。”

zǐ gòng yuē shī yún rú qiē rú cuō rú zhuó
子贡曰：“《诗》云：‘如切如磋，如琢
rú mó qí sī zhī wèi yú zǐ yuē cì yě shǐ kě
如磨。’其斯之谓与？”子曰：“赐也，始可
yǔ yán shī yǐ yǐ gào zhū wǎng ér zhī lái zhě
与言《诗》已矣！告诸往而知来者。”

zǐ yuē bú huàn rén zhī bù jǐ zhī huàn bù zhī rén
子曰：“不患人之不己知，患不知人
yě
也。”

注释

①说：同悦。 ②弟：同悌。弟弟尊重哥哥。

wéi zhèng dì èr

为政第二

zǐ yuē wéi zhèng yǐ dé pì rú běi chén jū qí suǒ ér
子曰："为政以德，譬如北辰居其所而
zhòng xīng gǒng zhī
众星共①之。"

zǐ yuē shī sān bǎi yì yán yǐ bì zhī yuē
子曰："《诗》三百，一言以蔽之，曰
sī wú xié
'思无邪'。"

zǐ yuē dǎo zhī yǐ zhèng qí zhī yǐ xíng mín miǎn ér
子曰："道之以政，齐之以刑，民免而
wú chǐ dǎo zhī yǐ dé qí zhī yǐ lǐ yǒu chǐ qiě gé
无耻；道之以德，齐之以礼，有耻且格②。"

zǐ yuē wú shí yòu wǔ ér zhì yú xué sān shí ér lì
子曰："吾十有五而志于学，三十而立，
sì shí ér bú huò wǔ shí ér zhī tiān mìng liù shí ér ěr shùn
四十而不惑，五十而知天命，六十而耳顺，
qī shí ér cóng xīn suǒ yù bù yú jǔ
七十而从心所欲，不逾矩。"

mèng yì zǐ wèn xiào zǐ yuē wú wéi
孟懿子问孝。子曰："无违。"

fán chí yù zǐ gào zhī yuē mèng sūn wèn xiào yú wǒ wǒ
樊迟御，子告之曰："孟孙问孝于我，我
duì yuē wú wéi fán chí yuē hé wèi yě zǐ yuē
对曰，无违。"樊迟曰："何谓也？"子曰：
shēng shì zhī yǐ lǐ sǐ zàng zhī yǐ lǐ jì zhī yǐ
"生，事之以礼；死，葬之以礼，祭之以

lǐ
礼。”

mèng wǔ bó wèn xiào zǐ yuē fù mǔ wéi qí jí zhī
孟武伯问孝。子曰：“父母唯其疾之
yōu
忧。”

zǐ yóu wèn xiào zǐ yuē jīn zhī xiào zhě shì wèi néng
子游问孝。子曰：“今之孝者，是谓能
yǎng zhì yú quǎn mǎ jiē néng yǒu yǎng bú jìng hé yǐ bié
养。至于犬马，皆能有养；不敬，何以别
hū
乎？”

zǐ xià wèn xiào zǐ yuē sè nán yǒu shì dì zǐ fú
子夏问孝。子曰：“色难。有事，弟子服
qí láo yǒu jiǔ shí xiān shēng zhuàn céng shì yǐ wéi xiào hū
其劳；有酒食先生馔，曾是以为孝乎？”

zǐ yuē wú yǔ huí yán zhōng rì bù wéi rú yú
子曰：“吾与回言终日，不违，如愚。
tuì ér xǐng qí sī yì zú yǐ fā huí yě bù yú
退而省其私，亦足以发。回也不愚。”

zǐ yuē shì qí suǒ yǐ guān qí suǒ yóu chá qí suǒ
子曰：“视其所以，观其所由，察其所
ān rén yān sōu zāi rén yān sōu zāi
安。人焉廋哉？人焉廋哉？”

zǐ yuē wēn gù ér zhī xīn kě yǐ wéi shī yǐ
子曰：“温故而知新，可以为师矣。”

zǐ yuē jūn zǐ bú qì
子曰：“君子不器。”

zǐ gòng wèn jūn zǐ zǐ yuē xiān xíng qí yán ér hòu cóng zhī
子贡问君子。子曰：“先行其言而后从之。”

zǐ yuē jūn zǐ zhōu ér bú bì xiǎo rén bì ér bù
子曰：“君子周而不比，小人比而不
zhōu
周。”

zǐ yuē xué ér bù sī zé wǎng sī ér bù xué zé
子曰：“学而不思则罔③，思而不学则
dài
殆。”

zǐ yuē gōng hū yì duān sī hài yě yǐ
子曰：“攻乎异端，斯害也已！”

zǐ yuē yóu huì rǔ zhī zhī hū zhī zhī wéi zhī zhī
子曰：“由！诲女知之乎？知之为知之，
bù zhī wéi bù zhī shì zhì yě
不知为不知，是知也。”

zǐ zhāng xué gān lù zǐ yuē duō wén quē yí shèn yán
子张学干禄。子曰：“多闻阙疑，慎言
qí yú zé guǎ yóu duō jiàn quē dài shèn xíng qí yú zé
其余，则寡尤④；多见阙殆，慎行其余，则
guǎ huǐ yán guǎ yóu xíng guǎ huǐ lù zài qí zhōng yǐ
寡悔。言寡尤，行寡悔，禄在其中矣。”

āi gōng wèn yuē hé wéi zé mín fú kǒng zǐ duì yuē
哀公问曰：“何为则民服？”孔子对曰：
jǔ zhí cuò zhū wǎng zé mín fú jǔ wǎng cuò zhū zhí zé mín
“举直错诸枉，则民服；举枉错诸直，则民
bù fú
不服。”

jì kāng zǐ wèn shǐ mín jìng zhōng yǐ quàn rú zhī
季康子问：“使民敬、忠以劝，如之
hé zǐ yuē lín zhī yǐ zhuāng zé jìng xiào cí zé
何？”子曰：“临之以庄，则敬；孝慈，则
zhōng jǔ shàn ér jiāo bù néng zé quàn
忠；举善而教不能，则劝。”

huò wèi kǒng zǐ yuē zǐ xī bù wéi zhèng zǐ yuē
或谓孔子曰：“子奚不为政？”子曰：
shū yún xiào hū wéi xiào yǒu yú xiōng dì yì yú
“《书》云：‘孝乎惟孝，友于兄弟，施于
yǒu zhèng shì yì wéi zhèng xī qí wéi wéi zhèng
有政。’是亦为政，奚其为为政？”

zǐ yuē rén ér wú xìn bù zhī qí kě yě dà chē wú
子曰："人而无信，不知其可也。大车无
ní xiǎo chē wú yuè qí hé yǐ xíng zhī zāi
輗，小车无軏，其何以行之哉？"

zǐ zhāng wèn shí shì kě zhī yě zǐ yuē yīn yīn
子张问："十世可知也？"子曰："殷因
yú xià lǐ suǒ sǔn yì kě zhī yě zhōu yīn yú yīn lǐ suǒ
于夏礼，所损益，可知也；周因于殷礼，所
sǔn yì kě zhī yě qí huò jì zhōu zhě suī bǎi shì kě zhī
损益，可知也；其或继周者，虽百世，可知
yě
也。"

zǐ yuē fēi qí guǐ ér jì zhī chǎn yě jiàn yì bù
子曰："非其鬼而祭之，谄也。见义不
wéi wú yǒng yě
为，无勇也。"

注释

①共：即拱，环绕。②格：纠正。③罔：同惘。④尤：错误。

bā yì dì sān
八佾第三

kǒng zǐ wèi jì shì bā yì wǔ yú tíng shì kě rěn
孔子谓季氏："八佾舞于庭，是可忍
yě shú bù kě rěn yě
也，孰不可忍也？"

sān jiā zhě yǐ yōng chè zǐ yuē xiāng wéi bì
三家者以《雍》彻[①]。子曰："'相维辟
gōng tiān zǐ mù mù xī qǔ yú sān jiā zhī táng
公，天子穆穆'，奚取于三家之堂？"

zǐ yuē rén ér bù rén rú lǐ hé rén ér bù rén
子曰："人而不仁，如礼何？人而不仁，

如乐何？”

林放问礼之本。子曰：“大哉问！礼，与其奢也，宁俭；丧，与其易也，宁戚。”

子曰：“夷狄之有君，不如诸夏之亡[2]也。”

季氏旅于泰山。子谓冉有曰：“女弗能救与？”对曰：“不能。”子曰：“呜呼！曾谓泰山不如林放乎？”

子曰：“君子无所争，必也射乎！揖让而升，下而饮。其争也君子。”

子夏问曰：“‘巧笑倩兮，美目盼兮，素以为绚兮。’何谓也？”子曰：“绘事后素。”

曰：“礼后乎？”子曰：“起予者商也！始可与言《诗》已矣。”

子曰：“夏礼，吾能言之，杞不足征也；殷礼，吾能言之，宋不足征也。文献[3]

bù zú gù yě zú zé wú néng zhēng zhī yǐ
不足故也。足，则吾能征之矣。”

zǐ yuē dì zì jì guàn ér wǎng zhě wú bú yù guān zhī
子曰：“禘自既灌而往者，吾不欲观之
yǐ
矣。”

huò wèn dì zhī shuō zǐ yuē bù zhī yě zhī qí shuō zhě
或问禘之说。子曰：“不知也。知其说者
zhī yú tiān xià yě qí rú shì zhū sī hū zhǐ qí zhǎng
之于天下也，其如示诸斯乎！”指其掌。

jì rú zài jì shén rú shén zài zǐ yuē wú bú yù
祭如在，祭神如神在。子曰：“吾不与
jì rú bú jì
祭，如不祭。”

wáng sūn jiǎ wèn yuē yǔ qí mèi yú ào nìng mèi yú
王孙贾问曰：“与其媚于奥，宁媚于
zào hé wèi yě zǐ yuē bù rán huò zuì yú tiān wú
灶，何谓也？”子曰：“不然，获罪于天，无
suǒ dǎo yě
所祷也。”

zǐ yuē zhōu jiàn yú èr dài yù yù hū wén zāi wú
子曰：“周监于二代，郁郁乎文哉！吾
cóng zhōu
从周。”

zǐ rù tài miào měi shì wèn huò yuē shú wèi zōu rén
子入太庙，每事问。或曰：“孰谓鄹人
zhī zǐ zhī lǐ hū rù tài miào měi shì wèn zǐ wén zhī yuē
之子知礼乎？入太庙，每事问。”子闻之曰：
shì lǐ yě
“是礼也。”

zǐ yuē shè bù zhǔ pí wèi lì bù tóng kē gǔ zhī
子曰：“射不主皮，为力不同科，古之
dào yě
道也。”

zi gòng yù qù gào shuò zhī xì yáng zǐ yuē cì yě
子贡欲去告朔之饩羊。子曰："赐也，
ěr ài qí yáng wǒ ài qí lǐ
尔爱其羊，我爱其礼。"

zǐ yuē shì jūn jìn lǐ rén yǐ wéi chǎn yě
子曰："事君尽礼，人以为谄也。"

dìng gōng wèn jūn shǐ chén chén shì jūn rú zhī hé
定公问："君使臣，臣事君，如之何？"
kǒng zǐ duì yuē jūn shǐ chén yǐ lǐ chén shì jūn yǐ zhōng
孔子对曰："君使臣以礼，臣事君以忠。"

zǐ yuē guān jū lè ér bù yín āi ér bù
子曰："《关雎》，乐而不淫，哀而不
shāng
伤。"

āi gōng wèn shè yú zǎi wǒ zǎi wǒ duì yuē xià hòu shì
哀公问社于宰我。宰我对曰："夏后氏
yǐ sōng yīn rén yǐ bǎi zhōu rén yǐ lì yuē shǐ mín zhàn
以松，殷人以柏，周人以栗，曰，使民战
lì zǐ wén zhī yuē chéng shì bù shuō suì shì bú jiàn
栗。"子闻之，曰："成事不说，遂事不谏，
jì wǎng bú jiù
既往不咎。"

zǐ yuē guǎn zhòng zhī qì xiǎo zāi huò yuē guǎn zhòng
子曰："管仲之器小哉！"或曰："管仲
jiǎn hū yuē guǎn shì yǒu sān guī guān shì bú shè yān dé
俭乎？"曰："管氏有三归，官事不摄，焉得
jiǎn
俭？"

rán zé guǎn zhòng zhī lǐ hū yuē bāng jūn shù sài mén
"然则管仲知礼乎？"曰："邦君树塞门，
guǎn shì yì shù sài mén bāng jūn wèi liǎng jūn zhī hǎo yǒu fǎn diàn guǎn
管氏亦树塞门；邦君为两君之好，有反坫，管
shì yì yǒu fǎn diàn guǎn shì ér zhī lǐ shú bù zhī lǐ
氏亦有反坫。管氏而知礼，孰不知礼？"

zǐ yù lǔ tài shī yuè yuē yuè qí kě zhī yě shǐ
子语鲁大师乐。曰：“乐其可知也：始
zuò xī rú yě zòng zhī chún rú yě jiǎo rú yě yì
作，翕如也；从④之，纯如也，皦如也，绎
rú yě yǐ chéng
如也，以成。”

yí fēng rén qǐng jiàn yuē jūn zǐ zhī zhì yú sī yě
仪封人请见，曰：“君子之至于斯也，
wú wèi cháng bù dé jiàn yě cóng zhě jiàn zhī chū yuē
吾未尝不得见也。”从者见之。出曰：
èr sān zǐ hé huàn yú sàng hū tiān xià zhī wú dào yě jiǔ yǐ
“二三子何患于丧乎？天下之无道也久矣，
tiān jiāng yǐ fū zǐ wéi mù duó
天将以夫子为木铎。”

zǐ wèi sháo jìn měi yǐ yòu jìn shàn yě
子谓《韶》，“尽美矣，又尽善也。”
wèi wǔ jìn měi yǐ wèi jìn shàn yě
谓《武》，“尽美矣，未尽善也”。

zǐ yuē jū shàng bù kuān wéi lǐ bú jìng lín sāng bù
子曰：“居上不宽，为礼不敬，临丧不
āi wú hé yǐ guān zhī zāi
哀，吾何以观之哉？”

注释

①彻：同撤。 ②亡：同无。 ③献：指贤人。 ④从：同纵。

lǐ rén dì sì
里仁第四

zǐ yuē lǐ rén wéi měi zé bù chǔ rén yān dé
子曰：“里仁为美。择不处仁，焉得
zhì
知①？”

zǐ yuē bù rén zhě bù kě yǐ jiǔ chù yuē bù kě yǐ cháng chǔ lè rén zhě ān rén zhì zhě lì rén

子曰："不仁者不可以久处约[2]，不可以长处乐。仁者安仁，知者利仁。"

zǐ yuē wéi rén zhě néng hào rén néng wù rén

子曰："唯仁者能好人，能恶人。"

zǐ yuē gǒu zhì yú rén yǐ wú è yě

子曰："苟志于仁矣，无恶也。"

zǐ yuē fù yǔ guì shì rén zhī suǒ yù yě bù yǐ qí dào dé zhī bú chù yě pín yǔ jiàn shì rén zhī suǒ wù yě bù yǐ qí dào dé zhī bú qù yě jūn zǐ qù rén wū hū chéng míng jūn zǐ wú zhōng shí zhī jiān wéi rén zào cì bì yú shì diān pèi bì yú shì

子曰："富与贵，是人之所欲也；不以其道得之，不处也；贫与贱，是人之所恶也；不以其道得之，不去也。君子去仁，恶乎成名？君子无终食之间违仁，造次必于是，颠沛必于是。"

zǐ yuē wǒ wèi jiàn hào rén zhě wù bù rén zhě hào rén zhě wú yǐ shàng zhī wù bù rén zhě qí wéi rén yǐ bù shǐ bù rén zhě jiā hū qí shēn yǒu néng yí rì yòng qí lì yú rén yǐ hū wǒ wèi jiàn lì bù zú zhě gài yǒu zhī yǐ wǒ wèi zhī jiàn yě

子曰："我未见好仁者，恶不仁者。好仁者，无以尚之；恶不仁者，其为仁矣，不使不仁者加乎其身。有能一日用其力于仁矣乎？我未见力不足者。盖有之矣，我未之见也。"

zǐ yuē rén zhī guò yě gè yú qí dǎng guān guò sī zhī rén yǐ

子曰："人之过也，各于其党。观过，斯知仁矣。"

zǐ yuē zhāo wén dào xī sǐ kě yǐ

子曰："朝闻道，夕死可矣。"

zǐ yuē shì zhì yú dào ér chǐ è yī è shí zhě wèi
子曰："士志于道，而耻恶衣恶食者，未
zú yǔ yì yě
足与议也。"

zǐ yuē jūn zǐ zhī yú tiān xià yě wú dí yě wú mò
子曰："君子之于天下也，无适也，无莫
yě yì zhī yǔ bì
也，义之与比。"

zǐ yuē jūn zǐ huái dé xiǎo rén huái tǔ jūn zǐ huái
子曰："君子怀德，小人怀土；君子怀
xíng xiǎo rén huái huì
刑，小人怀惠。"

zǐ yuē fǎng yú lì ér xíng duō yuàn
子曰："放于利而行，多怨。"

zǐ yuē néng yǐ lǐ ràng wéi guó hū hé yǒu bù néng
子曰："能以礼让为国乎？何有？不能
yǐ lǐ ràng wéi guó rú lǐ hé
以礼让为国，如礼何？"

zǐ yuē bú huàn wú wèi huàn suǒ yǐ lì bú huàn mò
子曰："不患无位，患所以立；不患莫
jǐ zhī qiú wéi kě zhī yě
己知，求为可知也。"

zǐ yuē shēn hū wú dào yī yǐ guàn zhī zēng zǐ
子曰："参乎！吾道一以贯之。"曾子
yuē wéi
曰："唯。"

zi chū mén rén wèn yuē hé wèi yě zēng zǐ yuē
子出。门人问曰："何谓也？"曾子曰：
fū zǐ zhī dào zhōng shù ér yǐ yǐ
"夫子之道，忠恕而已矣。"

zǐ yuē jūn zǐ yù yú yì xiǎo rén yù yú lì
子曰："君子喻于义，小人喻于利。"

zǐ yuē jiàn xián sī qí yān jiàn bù xián ér nèi zì xǐng
子曰："见贤思齐焉，见不贤而内自省

yě
也。”

zǐ yuē shì fù mǔ jī jiàn jiàn zhì bù cóng yòu jìng bù
子曰：“事父母几谏。见志不从，又敬不
wéi láo ér bú yuàn
违，劳而不怨。”

zǐ yuē fù mǔ zài bù yuǎn yóu yóu bì yǒu fāng
子曰：“父母在，不远游，游必有方。”

zǐ yuē sān nián wú gǎi yú fù zhī dào kě wèi xiào
子曰：“三年无改于父之道，可谓孝
yǐ
矣。”

zǐ yuē fù mǔ zhī nián bù kě bù zhī yě yī zé yǐ
子曰：“父母之年，不可不知也。一则以
xǐ yī zé yǐ jù
喜，一则以惧。”

zǐ yuē gǔ zhě yán zhī bù chū chǐ gōng zhī bú dài
子曰：“古者言之不出，耻躬之不逮
yě
也。”

zǐ yuē yǐ yuē shī zhī zhě xiǎn yǐ
子曰：“以约失之者鲜矣。”

zǐ yuē jūn zǐ yù nè yú yán ér mǐn yú xíng
子曰：“君子欲讷于言而敏于行。”

zǐ yuē dé bù gū bì yǒu lín
子曰：“德不孤，必有邻。”

zǐ yóu yuē shì jūn shuò sī rǔ yǐ péng yǒu shuò sī
子游曰：“事君数，斯辱矣，朋友数，斯
shū yǐ
疏矣。”

注释

①知：同智，明智。 ②约：贫困，俭约。

gōng yě cháng dì wǔ
公冶长第五

zi wèi gōng yě cháng kě qì yě suī zài léi xiè zhī
子谓公冶长，“可妻也。虽在缧绁之
zhōng fēi qí zuì yě yǐ qí zǐ qì zhī
中，非其罪也”。以其子妻之。

zi wèi nán róng bāng yǒu dào bú fèi bāng wú dào miǎn
子谓南容，“邦有道，不废；邦无道，免
yú xíng lù yǐ qí xiōng zhī zǐ qì zhī
于刑戮”。以其兄之子妻之。

zǐ wèi zǐ jiàn jūn zǐ zāi ruò rén lǔ wú jūn zǐ zhě
子谓子贱，“君子哉若人！鲁无君子者，
sī yān qǔ sī
斯焉取斯？”

zǐ gòng wèn yuē cì yě hé rú zǐ yuē rǔ
子贡问曰：“赐也何如？”子曰：“女，
qì yě yuē hé qì yě yuē hú liǎn yě
器也。”曰：“何器也？”曰：“瑚琏也。”

huò yuē yōng yě rén ér bú nìng zǐ yuē yān yòng
或曰：“雍也仁而不佞。”子曰：“焉用
nìng yù rén yǐ kǒu jǐ lǚ zēng yú rén bù zhī qí rén yān
佞？御人以口给，屡憎于人。不知其仁，焉
yòng nìng
用佞？”

zǐ shǐ qī diāo kāi shì duì yuē wú sī zhī wèi néng
子使漆彫开仕。对曰：“吾斯之未能
xìn zi yuè
信。”子说。

zǐ yuē dào bù xíng chéng fú fú yú hǎi zòng wǒ zhě
子曰：“道不行，乘桴浮于海。从我者，
qí yóu yú zi lù wén zhī xǐ zǐ yuē yóu yě hào yǒng
其由与？”子路闻之喜。子曰：“由也好勇

guò wǒ wú suǒ qǔ cái
过我，无所取材。”

mèng wǔ bó wèn zǐ lù rén hū zǐ yuē bù zhī yě
孟武伯问子路仁乎？子曰：“不知也。”
yòu wèn zǐ yuē yóu yě qiān shèng zhī guó kě shǐ zhì qí
又问。子曰：“由也，千乘之国，可使治其
fù yě bù zhī qí rén yě
赋也，不知其仁也。”

qiú yě hé rú zǐ yuē qiú yě qiān shì zhī
“求也何如？”子曰：“求也，千室之
yì bǎi shèng zhī jiā kě shǐ wéi zhī zǎi yě bù zhī qí rén
邑，百乘之家，可使为之宰也，不知其仁
yě
也。”

chì yě hé rú zǐ yuē chì yě shù dài lì yú
“赤也何如？”子曰：“赤也，束带立于
cháo kě shǐ yǔ bīn kè yán yě bù zhī qí rén yě
朝，可使与宾客言也，不知其仁也。”

zǐ wèi zǐ gòng yuē rǔ yǔ huí yě shú yù duì yuē
子谓子贡曰：“女与回也孰愈？”对曰：
cì yě hé gǎn wàng huí huí yě wén yī yǐ zhī shí cì yě
“赐也何敢望回。回也闻一以知十，赐也
wén yī yǐ zhī èr zǐ yuē fú rú yě wú yǔ rǔ fú rú
闻一以知二。”子曰：“弗如也！吾与女弗如
yě
也。”

zǎi yú zhòu qǐn zǐ yuē xiǔ mù bù kě diāo yě fèn
宰予昼寝。子曰：“朽木不可雕也，粪
tǔ zhī qiáng bù kě wū yě yú yú yǔ hé zhū zǐ yuē
土之墙不可杇也，于予与何诛。”子曰：
shǐ wú yú rén yě tīng qí yán ér xìn qí xíng jīn wú yú rén
“始吾于人也，听其言而信其行；今吾于人
yě tīng qí yán ér guān qí xíng yú yú yǔ gǎi shì
也，听其言而观其行。于予与改是。”

zǐ yuē wú wèi jiàn gāng zhě huò duì yuē shēn
子曰：“吾未见刚者。”或对曰：“申
chéng zǐ yuē chéng yě yù yān dé gāng
枨。”子曰：“枨也欲，焉得刚？”

zǐ gòng yuē wǒ bú yù rén zhī jiā zhū wǒ yě wú
子贡曰：“我不欲人之加诸我也，吾
yì yù wú jiā zhū rén zǐ yuē cì yě fēi ěr suǒ jí
亦欲无加诸人。”子曰：“赐也，非尔所及
yě
也。”

zǐ gòng yuē fū zǐ zhī wén zhāng kě dé ér wén yě
子贡曰：“夫子之文章，可得而闻也；
fū zǐ zhī yán xìng yǔ tiān dào bù kě dé ér wén yě
夫子之言性与天道，不可得而闻也。”

zǐ lù yǒu wén wèi zhī néng xíng wéi kǒng yòu yòu wén
子路有闻，未之能行，唯恐有（又）闻。

zǐ gòng wèn yuē kǒng wén zǐ hé yǐ wèi zhī wén
子贡问曰：“孔文子何以谓之‘文’
yě zǐ yuē mǐn ér hào xué bù chǐ xià wèn shì yǐ wèi
也？”子曰：“敏而好学，不耻下问，是以谓
zhī wén yě
之‘文’也。”

zǐ wèi zǐ chǎn yǒu jūn zǐ zhī dào sì yān qí xíng jǐ yě
子谓子产，“有君子之道四焉：其行己也
gōng qí shì shàng yě jìng qí yǎng mín yě huì qí shǐ mín yě
恭，其事上也敬，其养民也惠，其使民也
yì
义。”

zǐ yuē yàn píng zhòng shàn yǔ rén jiāo jiǔ ér jìng
子曰：“晏平仲善与人交，久而敬
zhī
之。”

zǐ yuē zāng wén zhòng jū cài shān jié zǎo zhuō hé rú
子曰：“臧文仲居蔡，山节藻棁，何如

qí zhì yě
其知也？”

zǐ zhāng wèn yuē lìng yǐn zǐ wén sān shì wéi lìng yǐn wú
子张问曰：“令尹子文三仕为令尹，无
xǐ sè sān yǐ zhī wú yùn sè jiù lìng yǐn zhī zhèng bì
喜色；三已之，无愠色。旧令尹之政，必
yǐ gào xīn lìng yǐn hé rú zǐ yuē zhōng yǐ yuē
以告新令尹。何如？”子曰：“忠矣。”曰：
rén yǐ hū yuē wèi zhī yān dé rén
“仁矣乎？”曰：“未知，焉得仁？”

cuī zǐ shì qí jūn chén wén zǐ yǒu mǎ shí shèng qì
“崔子弑齐君，陈文子有马十乘，弃
ér wéi zhī zhì yú tā bāng zé yuē yóu wú dà fū cuī zǐ
而违之。至于他邦，则曰：‘犹吾大夫崔子
yě wéi zhī zhī yì bāng zé yòu yuē yóu wú dà fū cuī
也。’违之。之一邦，则又曰：‘犹吾大夫崔
zǐ yě wéi zhī hé rú zǐ yuē qīng yǐ yuē
子也。’违之。何如？”子曰：“清矣。”曰：
rén yǐ hū yuē wèi zhī yān dé rén
“仁矣乎？”曰：“未知。焉得仁？”

jì wén zǐ sān sī ér hòu xíng zǐ wén zhī yuē zài
季文子三思而后行。子闻之，曰：“再，
sī kě yǐ
斯可矣。”

zǐ yuē nìng wǔ zǐ bāng yǒu dào zé zhì bāng wú
子曰：“宁武子，邦有道，则知；邦无
dào zé yú qí zhì kě jí yě qí yú bù kě jí yě
道，则愚。其知可及也，其愚不可及也。”

zǐ zài chén yuē guī yú guī yú wú dǎng zhī xiǎo
子在陈，曰：“归与！归与！吾党之小
zǐ kuáng jiǎn fěi rán chéngzhāng bù zhī suǒ yǐ cái zhī
子狂简，斐然成章，不知所以裁之。”

zǐ yuē bó yí shū qí bù niàn jiù è yuàn shì yòng
子曰：“伯夷、叔齐不念旧恶，怨是用

xī
希。”

zǐ yuē shú wèi wēi shēng gāo zhí huò qǐ xī yān qǐ
子曰：“孰谓微生高直？或乞醯焉，乞
zhū qí lín ér yǔ zhī
诸其邻而与之。”

zǐ yuē qiǎo yán lìng sè zú gōng zuǒ qiū míng chǐ
子曰：“巧言、令色、足恭，左丘明耻
zhī qiū yì chǐ zhī nì yuàn ér yǒu qí rén zuǒ qiū míng chǐ
之，丘亦耻之。匿怨而友其人，左丘明耻
zhī qiū yì chǐ zhī
之，丘亦耻之。”

yán yuān jì lù shì zǐ yuē hé gè yán ěr zhì
颜渊季路侍。子曰：“盍各言尔志？”

zi lù yuē yuàn chē mǎ yì qīng qiú yǔ péng yǒu gòng
子路曰：“愿车马，衣轻裘与朋友共，
bì zhī ér wú hàn
敝之而无憾。”

yán yuān yuē yuàn wú fá shàn wú shī láo zǐ lù
颜渊曰：“愿无伐善，无施劳。”子路
yuē yuàn wén zǐ zhī zhì
曰：“愿闻子之志。”

zǐ yuē lǎo zhě ān zhī péng yǒu xìn zhī shào zhě huái
子曰：“老者安之，朋友信之，少者怀
zhī
之。”

zǐ yuē yǐ yǐ hū wú wèi jiàn néng jiàn qí guò ér nèi
子曰：“已矣乎！吾未见能见其过而内
zì sòng zhě yě
自讼者也。”

zǐ yuē shí shì zhī yì bì yǒu zhōng xìn rú qiū zhě
子曰：“十室之邑，必有忠信如丘者
yān bù rú qiū zhī hào xué yě
焉，不如丘之好学也。”

yōng yě dì liù
雍也第六

zǐ yuē yōng yě kě shǐ nán miàn
子曰："雍也可使南面。"

zhònggōng wèn zǐ sāng bó zǐ zǐ yuē kě yě jiǎn
仲弓问子桑伯子，子曰："可也简。"

zhòng gōng yuē jū jìng ér xíng jiǎn yǐ lín qí mín bú yì kě hū jū jiǎn ér xíng jiǎn wú nǎi tài jiǎn hū zǐ yuē yōng zhī yán rán
仲弓曰："居敬而行简，以临其民，不亦可乎？居简而行简，无乃大简乎？"子曰："雍之言然。"

āi gōng wèn dì zǐ shú wéi hào xué kǒng zǐ duì yuē yǒu yán huí zhě hào xué bù qiān nù bù èr guò bú xìng duǎn mìng sǐ yǐ jīn yě zé wú wèi wén hào xué zhě yě
哀公问："弟子孰为好学？"孔子对曰："有颜回者好学，不迁怒，不贰过。不幸短命死矣！今也则亡，未闻好学者也。"

zǐ huá shǐ yú qí rǎn zǐ wèi qí mǔ qǐng sù zǐ yuē yǔ zhī fǔ
子华使于齐，冉子为其母请粟。子曰："与之釜。"

qǐng yì yuē yǔ zhī yǔ
请益。曰："与之庾。"

rǎn zǐ yǔ zhī sù wǔ bǐng
冉子与之粟五秉。

zǐ yuē chì zhī shì qí yě chéng féi mǎ yì qīng qiú wú wén zhī yě jūn zǐ zhōu jí bú jì fù
子曰："赤之适齐也，乘肥马，衣轻裘。吾闻之也：君子周急不继富。"

yuán sī wéi zhī zǎi yǔ zhī sù jiǔ bǎi cí zǐ yuē
原思为之宰，与之粟九百，辞。子曰：

wú yǐ yǔ ěr lín lǐ xiāngdǎng hū
“毋！以与尔邻里乡党乎！”

zi wèi zhòng gōng yuē lí niú zhī zǐ xīng qiě jiǎo suī yù
子谓仲弓曰：“犁牛之子骍且角，虽欲
wù yòng shān chuān qí shè zhū
勿用，山川其舍诸？”

zǐ yuē huí yě qí xīn sān yuè bù wéi rén qí yú zé
子曰：“回也，其心三月不违仁，其余则
rì yuè zhì yān ér yǐ yǐ
日月至焉而已矣。”

jì kāng zǐ wèn zhòng yóu kě shǐ cóng zhèng yě yú zǐ
季康子问：“仲由可使从政也与？”子
yuē yóu yě guǒ yú cóngzhèng hū hé yǒu
曰：“由也果，于从政乎何有？”

yuē cì yě kě shǐ cóng zhèng yě yú yuē cì yě
曰：“赐也可使从政也与？”曰：“赐也
dá yú cóngzhèng hū hé yǒu
达，于从政乎何有？”

yuē qiú yě kě shǐ cóng zhèng yě yú yuē qiú yě
曰：“求也可使从政也与？”曰：“求也
yì yú cóngzhèng hū hé yǒu
艺，于从政乎何有？”

jì shì shǐ mǐn zǐ qiān wéi bì zǎi mǐn zǐ qiān yuē shàn wèi
季氏使闵子骞为费宰。闵子骞曰：“善为
wǒ cí yān rú yǒu fù wǒ zhě zé wú bì zài wèn shàng yǐ
我辞焉。如有复我者，则吾必在汶上矣。”

bó niú yǒu jí zǐ wèn zhī zì yǒu zhí qí shǒu yuē
伯牛有疾，子问之，自牖执其手，曰：
wáng zhī mìng yǐ fú sī rén yě ér yǒu sī jí yě sī rén
“亡之，命矣夫！斯人也而有斯疾也！斯人
yě ér yǒu sī jí yě
也而有斯疾也！”

zǐ yuē xián zāi huí yě yì dān shí yì piáo yǐn
子曰：“贤哉，回也！一箪食，一瓢饮，

zài lòu xiàng rén bù kān qí yōu huí yě bù gǎi qí lè xián
在陋巷。人不堪其忧，回也不改其乐。贤
zāi huí yě
哉，回也！”

rǎn qiú yuē fēi bú yuè zǐ zhī dào lì bù zú yě
冉求曰：“非不说子之道，力不足也。”
zǐ yuē lì bù zú zhě zhōng dào ér fèi jīn rǔ huà
子曰：“力不足者，中道而废。今女画。”

zǐ wèi zǐ xià yuē rǔ wéi jūn zǐ rú wú wéi xiǎo rén
子谓子夏曰：“女为君子儒，无为小人
rú
儒。”

zǐ yóu wéi wǔ chéng zǎi zǐ yuē rǔ dé rén yān ěr
子游为武城宰。子曰：“女得人焉尔
hū yuē yǒu tán tái miè míng zhě xíng bù yóu jìng fēi
乎？”曰：“有澹台灭明者，行不由径。非
gōng shì wèi cháng zhì yú yǎn zhī shì yě
公事，未尝至于偃之室也。”

zǐ yuē mèng zhī fǎn bù fá bēn ér diàn jiāng rù mén
子曰：“孟之反不伐，奔而殿，将入门，
cè qí mǎ yuē fēi gǎn hòu yě mǎ bú jìn yě
策其马，曰：‘非敢后也，马不进也。’”

zǐ yuē bù yǒu zhù tuó zhī nìng ér yǒu sòng zhāo zhī
子曰：“不有祝鮀之佞，而有宋朝之
měi nán hū miǎn yú jīn zhī shì yǐ
美，难乎免于今之世矣！”

zǐ yuē shuí néng chū bù yóu hù hé mò yóu sī dào
子曰：“谁能出不由户？何莫由斯道
yě
也？”

zǐ yuē zhì shèng wén zé yě wén shèng zhì zé shǐ wén
子曰：“质胜文则野，文胜质则史。文
zhì bīn bīn rán hòu jūn zǐ
质彬彬，然后君子。”

zǐ yuē rén zhī shēng yě zhí wǎng zhī shēng yě xìng ér
子曰：“人之生也直，罔之生也幸而
miǎn
免。”

zǐ yuē zhī zhī zhě bù rú hào zhī zhě hào zhī zhě bù rú
子曰：“知之者不如好之者，好之者不如
lè zhī zhě
乐之者。”

zǐ yuē zhōng rén yǐ shàng kě yǐ yù shàng yě zhōng rén
子曰：“中人以上，可以语上也；中人
yǐ xià bù kě yǐ yù shàng yě
以下，不可以语上也。”

fán chí wèn zhì zǐ yuē wù mín zhī yì jìng guǐ shén ér
樊迟问知。子曰：“务民之义，敬鬼神而
yuǎn zhī kě wèi zhì yǐ
远之，可谓知矣。”

wèn rén yuē rén zhě xiān nán ér hòu huò kě wèi rén
问仁。曰：“仁者先难而后获，可谓仁
yǐ
矣。”

zǐ yuē zhì zhě yào shuǐ rén zhě yào shān zhì zhě dòng
子曰：“知者乐水，仁者乐山；知者动，
rén zhě jìng zhì zhě lè rén zhě shòu
仁者静；知者乐，仁者寿。”

zǐ yuē qí yí biàn zhì yú lǔ lǔ yí biàn zhì yú
子曰：“齐一变，至于鲁；鲁一变，至于
dào
道。”

zǐ yuē gū bù gū gū zāi gū zāi
子曰：“觚不觚，觚哉！觚哉！”

zǎi wǒ wèn yuē rén zhě suī gào zhī yuē jǐng yǒu rén
宰我问曰：“仁者，虽告之曰：‘井有仁
yān qí cóng zhī yě zǐ yuē hé wèi qí rán yě
焉。’其从之也？”子曰：“何为其然也？

君子可逝也，不可陷也；可欺也，不可罔也。”

子曰：“君子博学于文，约之以礼，亦可以弗畔矣夫！”

子见南子，子路不说。夫子矢之曰：“予所否者，天厌之！天厌之！”

子曰：“中庸之为德也，其至矣乎！民鲜久矣。”

子贡曰：“如有博施于民而能济众，何如？可谓仁乎？”子曰：“何事于仁，必也圣乎！尧舜其犹病诸！夫仁者，己欲立而立人，己欲达而达人。能近取譬，可谓仁之方也已。”

述而第七

子曰：“述而不作，信而好古，窃比于我老彭。”

zǐ yuē mò ér zhì zhī xué ér bú yàn huì rén bú
子曰："默而识之，学而不厌，诲人不
juàn hé yǒu yú wǒ zāi
倦，何有于我哉？"

zǐ yuē dé zhī bù xiū xué zhī bù jiǎng wén yì bù
子曰："德之不修，学之不讲，闻义不
néng xǐ bú shàn bù néng gǎi shì wú yōu yě
能徙，不善不能改，是吾忧也。"

zǐ zhī yàn jū shēn shēn rú yě yāo yāo rú yě
子之燕居，申申如也，夭夭如也。

zǐ yuē shèn yǐ wú shuāi yě jiǔ yǐ wú bú fù mèng jiàn
子曰："甚矣吾衰也！久矣吾不复梦见
zhōu gōng
周公。"

zǐ yuē zhì yú dào jù yú dé yī yú rén yóu yú
子曰："志于道，据于德，依于仁，游于
yì
艺。"

zǐ yuē zì xíng shù xiū yǐ shàng wú wèi cháng wú huì
子曰："自行束修以上，吾未尝无诲
yān
焉。"

zǐ yuē bú fèn bù qǐ bù fěi bù fā jǔ yì yú bù
子曰："不愤不启，不悱不发，举一隅不
yǐ sān yú fǎn zé bú fù yě
以三隅反，则不复也。"

zǐ shí yú yǒu sāng zhě zhī cè wèi cháng bǎo yě
子食于有丧者之侧，未尝饱也。

yú shì rì kū zé bù gē
于是日哭，则不歌。

zǐ wèi yán yuān yuē yòng zhī zé xíng shě zhī zé cáng
子谓颜渊曰："用之则行，舍之则藏，
wéi wǒ yǔ ěr yǒu shì fú
唯我与尔有是夫！"

zǐ lù yuē zǐ xíng sān jūn zé shuí yǔ
子路曰："子行三军，则谁与？"

zǐ yuē bào hǔ píng hé sǐ ér wú huǐ zhě wú bù yǔ
子曰："暴虎冯河，死而无悔者，吾不与
yě bì yě lín shì ér jù hào móu ér chéng zhě yě
也。必也临事而惧，好谋而成者也。"

zǐ yuē fù ér kě qiú yě suī zhí biān zhī shì wú yì
子曰："富而可求也，虽执鞭之士，吾亦
wéi zhī rú bù kě qiú cóng wú suǒ hào
为之。如不可求，从吾所好。"

zǐ zhī suǒ shèn zhāi zhàn jí
子之所慎：齐，战，疾。

zǐ zài qí wén sháo sān yuè bù zhī ròu wèi yuē
子在齐闻《韶》，三月不知肉味。曰：
bù tú wéi yuè zhī zhì yú sī yě
"不图为乐之至于斯也！"

rǎn yǒu yuē fū zǐ wèi wèi jūn hū zǐ gòng yuē
冉有曰："夫子为卫君乎？"子贡曰：
nuò wú jiāng wèn zhī
"诺。吾将问之。"

rù yuē bó yí shū qí hé rén yě yuē
入，曰："伯夷、叔齐何人也？"曰：
gǔ zhī xián rén yě yuē yuàn hū yuē qiú rén
"古之贤人也。"曰："怨乎？"曰："求仁
ér dé rén yòu hé yuàn
而得仁，又何怨。"

chū yuē fū zǐ bú wèi yě
出，曰："夫子不为也。"

zǐ yuē fàn shū shí yǐn shuǐ qū gōng ér zhěn zhī
子曰："饭疏食饮水，曲肱而枕之，
lè yì zài qí zhōng yǐ bú yì ér fù qiě guì yú wǒ rú fú
乐亦在其中矣。不义而富且贵，于我如浮
yún
云。"

zǐ yuē jiā wǒ shù nián wǔ shí yǐ xué yì kě yǐ wú dà guò yǐ

子曰："加我数年，五十以学《易》，可以无大过矣。"

zǐ suǒ yǎ yán shī shū zhí lǐ jiē yǎ yán yě

子所雅言，《诗》、《书》、执礼，皆雅言也。

yè gōng wèn kǒng zǐ yú zǐ lù zǐ lù bú duì zǐ yuē rǔ xī bù yuē qí wéi rén yě fā fèn wàng shí lè yǐ wàng yōu bù zhī lǎo zhī jiāng zhì yún ěr

叶公问孔子于子路，子路不对。子曰："女奚不曰，其为人也，发愤忘食，乐以忘忧，不知老之将至云尔。"

zǐ yuē wǒ fēi shēng ér zhī zhī zhě hào gǔ mǐn yǐ qiú zhī zhě yě

子曰："我非生而知之者，好古，敏以求之者也。"

zǐ bù yǔ guài lì luàn shén

子不语怪，力，乱，神。

zǐ yuē sān rén xíng bì yǒu wǒ shī yān zé qí shàn zhě ér cóng zhī qí bú shàn zhě ér gǎi zhī

子曰："三人行，必有我师焉：择其善者而从之，其不善者而改之。"

zǐ yuē tiān shēng dé yú yú huán tuí qí rú yú hé

子曰："天生德于予，桓魋其如予何？"

zǐ yuē èr sān zǐ yǐ wǒ wéi yǐn hū wú wú yǐn hū ěr wú wú xíng ér bù yǔ èr sān zǐ zhě shì qiū yě

子曰："二三子以我为隐乎？吾无隐乎尔。吾无行而不与二三子者，是丘也。"

zǐ yǐ sì jiào wén xíng zhōng xìn

子以四教：文，行，忠，信。

zǐ yuē shèng rén wú bù dé ér jiàn zhī yǐ dé jiàn jūn zǐ zhě sī kě yǐ

子曰：“圣人，吾不得而见之矣；得见君子者，斯可矣。”

zǐ yuē shàn rén wú bù dé ér jiàn zhī yǐ dé jiàn yǒu héng zhě sī kě yǐ wú ér wéi yǒu xū ér wéi yíng yuē ér wéi tài nán hū yǒu héng yǐ

子曰：“善人，吾不得而见之矣；得见有恒者，斯可矣。亡而为有，虚而为盈，约而为泰，难乎有恒矣。”

zǐ diào ér bù gāng yì bú shè sù

子钓而不纲，弋不射宿。

zǐ yuē gài yǒu bù zhī ér zuò zhī zhě wǒ wú shì yě duō wén zé qí shàn zhě ér cóng zhī duō jiàn ér zhì zhī zhī zhī cì yě

子曰：“盖有不知而作之者，我无是也。多闻，择其善者而从之；多见而识之；知之次也。”

hù xiāng nán yǔ yán tóng zǐ jiàn mén rén huò zǐ yuē yǔ qí jìn yě bù yǔ qí tuì yě wéi hé shèn rén jié jǐ yǐ jìn yǔ qí jié yě bù bǎo qí wǎng yě

互乡难与言，童子见，门人惑。子曰：“与其进也，不与其退也，唯何甚？人洁己以进，与其洁也，不保其往也。”

zǐ yuē rén yuǎn hū zāi wǒ yù rén sī rén zhì yǐ

子曰：“仁远乎哉？我欲仁，斯仁至矣。”

chén sī bài wèn zhāo gōng zhī lǐ hū kǒng zǐ yuē zhī lǐ

陈司败问昭公知礼乎？孔子曰：“知礼。”

kǒng zǐ tuì yī wū mǎ qī ér jìn zhī yuē wú wén

孔子退，揖巫马期而进之，曰：“吾闻

君子不党，君子亦党乎？君取于吴，为同姓，谓之吴孟子。君而知礼，孰不知礼？”

巫马期以告。子曰：“丘也幸，苟有过，人必知之。”

子与人歌而善，必使反之，而后和之。

子曰：“文，莫吾犹人也。躬行君子，则吾未之有得。”

子曰：“若圣与仁，则吾岂敢？抑为之不厌，诲人不倦，则可谓云尔已矣。”公西华曰：“正唯弟子不能学也。”

子疾病，子路请祷。子曰：“有诸？”子路对曰：“有之。《诔》曰：‘祷尔于上下神祇。’”子曰：“丘之祷久矣。”

子曰：“奢则不孙（逊），俭则固。与其不孙（逊）也，宁固。”

子曰：“君子坦荡荡，小人长戚戚。”

子温而厉，威而不猛，恭而安。

tài bó dì bā
泰伯第八

zǐ yuē tài bó qí kě wèi zhì dé yě yǐ yǐ sān yǐ
子曰：“泰伯，其可谓至德也已矣。三以
tiān xià ràng mín wú dé ér chēng yān
天下让，民无得而称焉。”

zǐ yuē gōng ér wú lǐ zé láo shèn ér wú lǐ zé xǐ
子曰：“恭而无礼则劳，慎而无礼则葸，
yǒng ér wú lǐ zé luàn zhí ér wú lǐ zé jiǎo jūn zǐ dǔ yú
勇而无礼则乱，直而无礼则绞。君子笃于
qīn zé mín xīng yú rén gù jiù bù yí zé mín bù tōu
亲，则民兴于仁；故旧不遗，则民不偷。”

zēng zǐ yǒu jí zhào mén dì zǐ yuē qǐ yú zú qǐ
曾子有疾，召门弟子曰：“启予足！启
yú shǒu shī yún zhàn zhàn jīng jīng rú lín shēn yuān rú
予手！《诗》云‘战战兢兢，如临深渊，如
lǚ bó bīng ér jīn ér hòu wú zhī miǎn fú xiǎo zǐ
履薄冰’。而今而后，吾知免夫！小子！”

zēng zǐ yǒu jí mèng jìng zǐ wèn zhī zēng zǐ yán yuē
曾子有疾，孟敬子问之。曾子言曰：
niǎo zhī jiāng sǐ qí míng yě āi rén zhī jiāng sǐ qí yán yě
“鸟之将死，其鸣也哀；人之将死，其言也
shàn jūn zǐ suǒ guì hū dào zhě sān dòng róng mào sī yuǎn bào màn
善。君子所贵乎道者三：动容貌，斯远暴慢
yǐ zhèng yán sè sī jìn xìn yǐ chū cí qì sī yuǎn bǐ bèi
矣；正颜色，斯近信矣；出辞气，斯远鄙倍
yǐ biān dòu zhī shì zé yǒu sī cún
矣。笾豆之事，则有司存。”

zēng zǐ yuē yǐ néng wèn yú bù néng yǐ duō wèn yú
曾子曰：“以能问于不能，以多问于
guǎ yǒu ruò wú shí ruò xū fàn ér bú jiào xī zhě wú
寡；有若无，实若虚，犯而不校——昔者吾

yǒu cháng cóng shì yú sī yǐ
友尝从事于斯矣。”

zēng zǐ yuē kě yǐ tuō liù chǐ zhī gū kě yǐ jì bǎi
曾子曰：“可以托六尺之孤，可以寄百
lǐ zhī mìng lín dà jié ér bù kě duó yě jūn zǐ rén yú
里之命，临大节而不可夺也——君子人与？
jūn zǐ rén yě
君子人也。”

zēng zǐ yuē shì bù kě yǐ bù hóng yì rèn zhòng ér dào
曾子曰：“士不可以不弘毅，任重而道
yuǎn rén yǐ wéi jǐ rèn bú yì zhòng hū sǐ ér hòu yǐ bú
远。仁以为己任，不亦重乎？死而后已，不
yì yuǎn hū
亦远乎？”

zǐ yuē xīng yú shī lì yú lǐ chéng yú
子曰：“兴于《诗》，立于礼。成于
yuè
乐。”

zǐ yuē mín kě shǐ yóu zhī bù kě shǐ zhī zhī
子曰：“民可使由之，不可使知之。”

zǐ yuē hào yǒng jí pín luàn yě rén ér bù rén
子曰：“好勇疾贫，乱也。人而不仁，
jí zhī yǐ shèn luàn yě
疾之已甚，乱也。”

zǐ yuē rú yǒu zhōu gōng zhī cái zhī měi shǐ jiāo qiě
子曰：“如有周公之才之美，使骄且
lìn qí yú bù zú guān yě yǐ
吝，其余不足观也已。”

zǐ yuē sān nián xué bú zhì yú gǔ bú yì dé
子曰：“三年学，不至于穀，不易得
yě
也。”

zǐ yuē dǔ xìn hào xué shǒu sǐ shàn dào wēi bāng bú
子曰：“笃信好学，守死善道。危邦不

rù luàn bāng bù jū tiān xià yǒu dào zé xiàn wú dào zé yǐn
入，乱邦不居。天下有道则见，无道则隐。
bāng yǒu dào pín qiě jiàn yān chǐ yě bāng wú dào fù qiě guì
邦有道，贫且贱焉，耻也；邦无道，富且贵
yān chǐ yě
焉，耻也。”

zǐ yuē bú zài qí wèi bù móu qí zhèng
子曰：“不在其位，不谋其政。”

zǐ yuē shī zhì zhī shǐ guān jū zhī luàn yáng
子曰：“师挚之始，《关雎》之乱，洋
yáng hū yíng ěr zāi
洋乎盈耳哉！”

zǐ yuē kuáng ér bù zhí tóng ér bú yuàn kǒng kǒng ér
子曰：“狂而不直，侗而不愿，悾悾而
bú xìn wú bù zhī zhī yǐ
不信，吾不知之矣。”

zǐ yuē xué rú bù jí yóu kǒng shī zhī
子曰：“学如不及，犹恐失之。”

zǐ yuē wēi wēi hū shùn yǔ zhī yǒu tiān xià yě ér bú yù
子曰：“巍巍乎！舜禹之有天下也而不与
yān
焉。”

zǐ yuē dà zāi yáo zhī wéi jūn yě wēi wēi hū wéi tiān
子曰：“大哉尧之为君也！巍巍乎！唯天
wéi dà wéi yáo zé zhī dàng dàng hū mín wú néng míng yān wēi
为大，唯尧则之。荡荡乎，民无能名焉。巍
wēi hū qí yǒu chéng gōng yě huàn hū qí yǒu wén zhāng
巍乎，其有成功也，焕乎其有文章！”

shùn yǒu chén wǔ rén ér tiān xià zhì wǔ wáng yuē yú yǒu
舜有臣五人而天下治。武王曰：“予有
luàn chén shí rén kǒng zǐ yuē cái nán bù qí rán hū táng
乱臣十人。”孔子曰：“才难，不其然乎？唐
yú zhī jì yú sī wéi shèng yǒu fù rén yān jiǔ rén ér yǐ
虞之际，于斯为盛。有妇人焉，九人而已。

sān fēn tiān xià yǒu qí èr　yǐ fú shì yīn　zhōu zhī dé　qí kě
三分天下有其二，以服事殷。周之德，其可
wèi zhì dé yě yǐ yǐ
谓至德也已矣。”

zǐ yuē　yǔ　wú wú jiàn rán yǐ　fěi yǐn shí ér zhì xiào
子曰：“禹，吾无间然矣。菲饮食而致孝
hū guǐ shén　è yī fú ér zhì měi hū fú miǎn　bēi gōng shì ér jìn
乎鬼神，恶衣服而致美乎黻冕，卑宫室而尽
lì hū gōu xù　yǔ　wú wú jiàn rán yǐ
力乎沟洫。禹，吾无间然矣。”

zǐ hǎn dì jiǔ
子罕第九

zǐ hǎn yán lì yǔ mìng yǔ rén
子罕言利与命与仁。

dá xiàng dǎng rén yuē　dà zāi kǒng zǐ　bó xué ér wú suǒ
达巷党人曰：“大哉孔子！博学而无所
chéng míng　zǐ wén zhī　wèi mén dì zǐ yuē　wú hé zhí
成名。”子闻之，谓门弟子曰：“吾何执？
zhí yù hū　zhí shè hū　wú zhí yù yǐ
执御乎？执射乎？吾执御矣。”

zǐ yuē　má miǎn　lǐ yě　jīn yě chún　jiǎn　wú
子曰：“麻冕，礼也；今也纯，俭，吾
cóng zhòng　bài xià　lǐ yě　jīn bài hū shàng　tài yě　suī wéi
从众。拜下，礼也；今拜乎上，泰也。虽违
zhòng　wú cóng xià
众，吾从下。”

zǐ jué sì　wú yì　wú bì　wú gù　wú wǒ
子绝四：毋意，毋必，毋固，毋我。

zǐ wèi yú kuāng　yuē　wén wáng jì mò　wén bú zài zī
子畏于匡。曰：“文王既没，文不在兹
hū　tiān zhī jiāng sàng sī wén yě　hòu sǐ zhě bù dé yù yú sī wén
乎？天之将丧斯文也，后死者不得与于斯文

也；天之未丧斯文也，匡人其如予何？”

太宰问于子贡曰：“夫子圣者与？何其多能也？”子贡曰：“固天纵之将圣，又多能也。”

子闻之，曰：“太宰知我乎！吾少也贱，故多能鄙事。君子多乎哉？不多也。”

牢曰：“子云，‘吾不试，故艺’。”

子曰：“吾有知乎哉？无知也。有鄙夫问于我，空空如也，我叩其两端而竭焉。”

子曰：“凤鸟不至，河不出图，吾已矣夫！”

子见齐衰者、冕衣裳者与瞽者，见之，虽少，必作；过之，必趋。

颜渊喟然叹曰：“仰之弥高，钻之弥坚；瞻之在前，忽焉在后。夫子循循然善诱人，博我以文，约我以礼，欲罢不能。既竭吾才，如有所立卓尔。虽欲从之，末由也已。”

子疾病，子路使门人为臣。病闲，曰：“久矣哉！由之行诈也，无臣而为有臣。吾谁欺？欺天乎？且予与其死于臣之手也，无宁死于二三子之手乎？且予纵不得大葬，予死于道路乎？”

子贡曰：“有美玉于斯，韫椟而藏诸？求善贾而沽诸？”子曰：“沽之哉！沽之哉！我待贾者也。”

子欲居九夷。或曰：“陋，如之何！”子曰：“君子居之，何陋之有？”

子曰：“吾自卫反鲁，然后乐正，《雅》《颂》各得其所。”

子曰：“出则事公卿，入则事父兄，丧事不敢不勉，不为酒困，何有于我哉？”

子在川上，曰：“逝者如斯夫！不舍昼夜。”

zǐ yuē wú wèi jiàn hào dé rú hào sè zhě yě
子曰："吾未见好德如好色者也。"

zǐ yuē pì rú wéi shān wèi chéng yí kuì zhǐ
子曰："譬如为山，未成一篑，止，
wú zhǐ yě pì rú píng dì suī fù yí kuì jìn wú wǎng
吾止也。譬如平地，虽覆一篑，进，吾往
yě
也。"

zǐ yuē yù zhī ér bú duò zhě qí huí yě yú
子曰："语之而不惰者，其回也与！"

zǐ wèi yán yuān yuē xī hū wú jiàn qí jìn yě wèi
子谓颜渊，曰："惜乎！吾见其进也，未
jiàn qí zhǐ yě
见其止也。"

zǐ yuē miáo ér bú xiù zhě yǒu yǐ fú xiù ér bù shí zhě
子曰："苗而不秀者有矣夫！秀而不实者
yǒu yǐ fú
有矣夫！"

zǐ yuē hòu shēng kě wèi yān zhī lái zhě zhī bù rú jīn
子曰："后生可畏，焉知来者之不如今
yě sì shí wǔ shí ér wú wén yān sī yì bù zú wèi yě
也？四十、五十而无闻焉，斯亦不足畏也
yǐ
已。"

zǐ yuē fǎ yǔ zhī yán néng wú cóng hū gǎi zhī wéi
子曰："法语之言，能无从乎？改之为
guì xùn yǔ zhī yán néng wú yuè hū yì zhī wéi guì yuè ér
贵。巽与之言，能无说乎？绎之为贵。说而
bú yì cóng ér bù gǎi wú mò rú zhī hé yě yǐ yǐ
不绎，从而不改，吾末如之何也已矣。"

zǐ yuē zhǔ zhōng xìn wú yǒu bù rú jǐ zhě guò zé
子曰："主忠信，毋友不如己者，过则
wù dàn gǎi
勿惮改。"

子曰：“三军可夺帅也，匹夫不可夺志也。”

子曰：“衣敝缊袍，与衣狐貉者立，而不耻者，其由也与？‘不忮不求，何用不臧？’”子路终身诵之。子曰：“是道也，何足以臧？”

子曰：“岁寒，然后知松柏之后凋也。”

子曰：“知者不惑，仁者不忧，勇者不惧。”

子曰：“可与共学，未可与适道；可与适道，未可与立；可与立，未可与权。”

“唐棣之华，偏其反而。岂不尔思？室是远而。”子曰：“未之思也，夫何远之有？”

juàn wǔ
卷五

xiāng dǎng dì shí
乡党第十

kǒng zǐ yú xiāng dǎng xún xún rú yě sì bù néng yán zhě
孔子于乡党，恂恂如也，似不能言者。
qí zài zōng miào cháo tíng pián pián yán wéi jǐn ěr
其在宗庙朝廷，便便言，唯谨尔。

cháo yǔ xià dà fū yán kǎn kǎn rú yě yǔ shàng dà
朝，与下大夫言，侃侃如也；与上大
fū yán yín yín rú yě jūn zài cù jí rú yě yǔ yǔ rú
夫言，訚訚如也。君在，踧踖如也。与与如
yě
也。

jūn zhào shǐ bìn sè bó rú yě zú jué rú yě yī suǒ
君召使摈，色勃如也，足躩如也。揖所
yǔ lì zuǒ yòu shǒu yī qián hòu chān rú yě qū jìn yì
与立，左右手，衣前后，襜如也。趋进，翼
rú yě bīn tuì bì fù mìng yuē bīn bú gù yǐ
如也。宾退，必复命曰：“宾不顾矣。”

rù gōng mén jū gōng rú yě rú bù róng
入公门，鞠躬如也，如不容。

lì bù zhōng mén xíng bù lǚ yù
立不中门，行不履阈。

guò wèi sè bó rú yě zú jué rú yě qí yán sì bù
过位，色勃如也，足躩如也，其言似不
zú zhě
足者。

shè zī shēng táng jū gōng rú yě bǐng qì sì bù xī zhě
摄齐升堂，鞠躬如也，屏气似不息者。

chū jiàng yī děng chěng yán sè yí yí rú yě
出，降一等，逞颜色，怡怡如也。

mò jiē qū jìn yì rú yě
没阶，趋进，翼如也。

fù qí wèi cù jí rú yě
复其位，踧踖如也。

zhí guī jū gōng rú yě rú bú shèng shàng rú yī xià rú shòu bó rú zhàn sè zú sù sù rú yǒu xún
执圭，鞠躬如也，如不胜。上如揖，下如授。勃如战色，足蹜蹜，如有循。

xiǎng lǐ yǒu róng sè sī dí yú yú rú yě
享礼，有容色。私觌，愉愉如也。

jūn zǐ bù yǐ gàn zōu shì hóng zǐ bù yǐ wéi xiè fú
君子不以绀緅饰，红紫不以为亵服。

dāng shǔ zhěn chī xì bì biǎo ér chū zhī
当暑，袗絺绤，必表而出之。

zī yī gāo qiú sù yī ní qiú huáng yī hú qiú xiè qiú cháng duǎn yòu mèi bì yǒu qǐn yī cháng yì shēn yǒu bàn
缁衣，羔裘；素衣，麑裘；黄衣，狐裘。亵裘长，短右袂。必有寝衣，长一身有半。

hú hé zhī hòu yǐ jū
狐貉之厚以居。

qù sāng wú suǒ bú pèi fēi wéi cháng bì shā zhī
去丧，无所不佩。非帷裳，必杀之。

gāo qiú xuán guān bù yǐ diào
羔裘玄冠不以吊。

jí yuè bì cháo fú ér cháo
吉月，必朝服而朝。

zhāi bì yǒu míng yī bù zhāi bì biàn shí jū bì qiān zuò
齐，必有明衣，布。齐必变食，居必迁坐。

shí bú yàn jīng　kuài bú yàn xì
食不厌精，脍不厌细。

shí yì ér ài　yú něi ér ròu bài　bù shí　sè è
食饐而餲，鱼馁而肉败，不食。色恶，
bù shí　xiù è　bù shí　shī rèn　bù shí　bù shí　bù
不食。臭恶，不食。失饪，不食。不时，不
shí　gē bú zhèng　bù shí　bù dé qí jiàng　bù shí
食。割不正，不食。不得其酱，不食。

ròu suī duō　bù shǐ shèng shí qì
肉虽多，不使胜食气。

wéi jiǔ wú liàng　bù jí luàn
惟酒无量，不及乱。

gū jiǔ shì fǔ bù shí
沽酒市脯不食。

bú chè jiāng shí　bù duō shí
不撤姜食。不多食。

jì yú gōng　bù sù ròu　jì ròu bù chū sān rì　chū sān
祭于公，不宿肉。祭肉不出三日。出三
rì　bù shí zhī yǐ
日，不食之矣。

shí bù yǔ　qǐn bù yán
食不语，寝不言。

suī shū shí cài gēng　guā jì　bì zhāi rú yě
虽疏食菜羹，瓜祭，必齐如也。

xí bú zhèng　bú zuò
席不正，不坐。

xiāng rén yǐn jiǔ　zhàng zhě chū　sī chū yǐ
乡人饮酒，杖者出，斯出矣。

xiāng rén nuó　cháo fú ér lì yú zuò jiē
乡人傩，朝服而立于阼阶。

wèn rén yú tā bāng　zài bài ér sòng zhī
问人于他邦，再拜而送之。

kāng zǐ kuì yào　bài ér shòu zhī　yuē　qiū wèi dá
康子馈药，拜而受之。曰："丘未达，

bù gǎn cháng
不敢尝。”

jiù fén zǐ tuì cháo yuē shāng rén hū bú wèn
厩焚。子退朝，曰：“伤人乎？”不问
mǎ
马。

jūn cì shí bì zhèng xí xiān cháng zhī jūn cì xīng bì
君赐食，必正席先尝之。君赐腥，必
shú ér jiàn zhī jūn cì shēng bì xù zhī
熟而荐之。君赐生，必畜之。

shì shí yú jūn jūn jì xiān fàn
侍食于君，君祭，先饭。

jí jūn shì zhī dōng shǒu jiā cháo fú tuō shēn
疾，君视之，东首，加朝服，拖绅。

jūn mìng zhào bú sì jià xíng yǐ
君命召，不俟驾行矣。

rù tài miào měi shì wèn
入太庙，每事问。

péng yǒu sǐ wú suǒ guī yuē yú wǒ bìn
朋友死，无所归。曰：“于我殡。”

péng yǒu zhī kuì suī chē mǎ fēi jì ròu bú bài
朋友之馈，虽车马，非祭肉，不拜。

qǐn bù shī jū bú kè
寝不尸，居不客。

jiàn zī cuī zhě suī xiá bì biàn jiàn miǎn zhě yǔ gǔ
见齐衰者，虽狎，必变。见冕者与瞽
zhě suī xiè bì yǐ mào
者，虽亵，必以貌。

xiōng fú zhě shì zhī shì fù bǎn zhě
凶服者式之。式负版者。

yǒu shèngzhuàn bì biàn sè ér zuò
有盛馔，必变色而作。

xùn léi fēng liè bì biàn
迅雷风烈必变。

shēng chē bì zhèng lì zhí suí
升车，必正立，执绥。

chē zhōng bú nèi gù bù jí yán bù qīn zhǐ
车中，不内顾，不疾言，不亲指。

sè sī jǔ yǐ xiáng ér hòu jí yuē shān liáng cí
色斯举矣，翔而后集。曰：“山梁雌

zhì shí zāi shí zāi zǐ lù gǒng zhī sān jú ér zuò
雉，时哉时哉！”子路共之，三嗅而作。

xiān jìn dì shí yī
先进第十一

zǐ yuē xiān jìn yú lǐ yuè yě rén yě hòu jìn yú lǐ
子曰：“先进于礼乐，野人也；后进于礼

yuè jūn zǐ yě rú yòng zhī zé wú cóng xiān jìn
乐，君子也。如用之，则吾从先进。”

zǐ yuē cóng wǒ yú chén cài zhě jiē bù jí mén
子曰：“从我于陈、蔡者，皆不及门

yě
也。”

dé xíng yán yuān mǐn zǐ qiān rǎn bó niú zhòng gōng
德行：颜渊，闵子骞，冉伯牛，仲弓。

yán yǔ zǎi wǒ zǐ gòng zhèng shì rǎn yǒu jì lù wén
言语：宰我，子贡。政事：冉有，季路。文

xué zǐ yóu zǐ xià
学：子游，子夏。

zǐ yuē huí yě fēi zhù wǒ zhě yě yú wú yán wú suǒ bú
子曰：“回也非助我者也，于吾言无所不

yuè
说。”

zǐ yuē xiào zāi mǐn zǐ qiān rén bú jiàn yú qí fù mǔ kūn
子曰：“孝哉闵子骞！人不间于其父母昆

dì zhī yán
弟之言。”

南容三复白圭，孔子以其兄之子妻之。

季康子问："弟子孰为好学？"孔子对曰："有颜回者好学，不幸短命死矣！今也则亡。"

颜渊死，颜路请子之车以为之椁。子曰："才不才，亦各言其子也。鲤也死，有棺而无椁。吾不徒行以为之椁。以吾从大夫之后，不可徒行也。"

颜渊死。子曰："噫！天丧予！天丧予！"

颜渊死，子哭之恸。从者曰："子恸矣。"曰："有恸乎？非夫人之为恸而谁为！"

颜渊死，门人欲厚葬之，子曰："不可。"

门人厚葬之。子曰："回也视予犹父也，予不得视犹子也。非我也，夫二三子

yě
也。”

jì lù wèn shì guǐ shén zǐ yuē wèi néng shì rén yān
季路问事鬼神。子曰：“未能事人，焉
néng shì guǐ
能事鬼？”

yuē gǎn wèn sǐ yuē wèi zhī shēng yān zhī sǐ
曰：敢问死。曰：“未知生，焉知死？”

mǐn zǐ shì cè yín yín rú yě zǐ lù xíng xíng rú
闵子侍侧，誾誾如也；子路，行行如
yě rǎn yǒu zǐ gòng kǎn kǎn rú yě zǐ lè ruò yóu
也；冉有、子贡，侃侃如也。子乐。“若由
yě bù dé qí sǐ rán
也，不得其死然。”

lǔ rén wéi cháng fǔ mǐn zǐ qiān yuē réng jiù guàn rú
鲁人为长府。闵子骞曰：“仍旧贯，如
zhī hé hé bì gǎi zuò zǐ yuē fú rén bù yán yán bì
之何？何必改作？”子曰：“夫人不言，言必
yǒu zhòng
有中。”

zǐ yuē yóu zhī sè xī wéi yú qiū zhī mén mén rén
子曰：“由之瑟奚为于丘之门？”门人
bú jìng zǐ lù zǐ yuē yóu yě shēng táng yǐ wèi rù yú shì
不敬子路。子曰：“由也升堂矣，未入于室
yě
也。”

zǐ gòng wèn shī yǔ shāng yě shú xián zǐ yuē shī
子贡问：“师与商也孰贤？”子曰：“师
yě guò shāng yě bù jí
也过，商也不及。”

yuē rán zé shī yù yú zǐ yuē guò yóu bù
曰：“然则师愈与？”子曰：“过犹不
jí
及。”

jì shì fù yú zhōu gōng ér qiú yě wèi zhī jù liǎn ér fù yì
季氏富于周公，而求也为之聚敛而附益
zhī zǐ yuē fēi wú tú yě xiǎo zǐ míng gǔ ér gōng zhī
之。子曰："非吾徒也。小子鸣鼓而攻之，
kě yě
可也。"

chái yě yú shēn yě lǔ shī yě pì yóu yě yàn
柴也愚，参也鲁，师也辟，由也喭。

zǐ yuē huí yě qí shù hū lǚ kōng cì bú shòu mìng
子曰："回也其庶乎，屡空。赐不受命，
ér huò zhí yān yì zé lǚ zhòng
而货殖焉，亿则屡中。"

zǐ zhāng wèn shàn rén zhī dào zǐ yuē bù jiàn jì yì
子张问善人之道。子曰："不践迹，亦
bú rù yú shì
不入于室。"

zǐ yuē lùn dǔ shì yǔ jūn zǐ zhě hū sè zhuāng zhě
子曰："论笃是与，君子者乎？色庄者
hū
乎？"

zǐ lù wèn wén sī xíng zhū zǐ yuē yǒu fù xiōng
子路问："闻斯行诸？"子曰："有父兄
zài rú zhī hé qí wén sī xíng zhī rǎn yǒu wèn wén sī xíng
在，如之何其闻斯行之？"冉有问："闻斯行
zhū zǐ yuē wén sī xíng zhī gōng xī huá yuē yóu
诸？"子曰："闻斯行之。"公西华曰："由
yě wèn wén sī xíng zhū zǐ yuē yǒu fù xiōng zài qiú yě wèn
也问闻斯行诸，子曰'有父兄在'；求也问
wén sī xíng zhū zǐ yuē wén sī xíng zhī chì yě huò gǎn
闻斯行诸，子曰'闻斯行之'。赤也惑，敢
wèn zǐ yuē qiú yě tuì gù jìn zhī yóu yě jiān rén
问。"子曰："求也退，故进之；由也兼人，
gù tuì zhī
故退之。"

zǐ wèi yú kuāng yán yuān hòu zǐ yuē wú yǐ rǔ wéi
子畏于匡，颜渊后。子曰：“吾以女为
sǐ yǐ yuē zǐ zài huí hé gǎn sǐ
死矣。”曰：“子在，回何敢死？”

jì zǐ rán wèn zhòng yóu rǎn qiú kě wèi dà chén yú
季子然问：“仲由、冉求可谓大臣与？”
zǐ yuē wú yǐ zǐ wéi yì zhī wèn céng yóu yǔ qiú zhī wèn
子曰：“吾以子为异之问，曾由与求之问。
suǒ wèi dà chén yǐ dào shì jūn bù kě zé zhǐ jīn yóu yǔ qiú
所谓大臣，以道事君，不可则止。今由与求
yě kě wèi jù chén yǐ
也，可谓具臣矣。”

yuē rán zé cóng zhī zhě yú zǐ yuē shì fù yǔ
曰：“然则从之者与？”子曰：“弑父与
jūn yì bù cóng yě
君，亦不从也。”

zǐ lù shǐ zǐ gāo wéi bì zǎi zǐ yuē zéi fú rén zhī
子路使子羔为费宰。子曰：“贼夫人之
zǐ
子。”

zǐ lù yuē yǒu mín rén yān yǒu shè jì yān hé bì dú
子路曰：“有民人焉，有社稷焉，何必读
shū rán hòu wéi xué
书，然后为学？”

zǐ yuē shì gù wù fú nìng zhě
子曰：“是故恶夫佞者。”

zǐ lù zēng xī rǎn yǒu gōng xī huá shì zuò
子路、曾皙、冉有、公西华侍坐。

zǐ yuē yǐ wú yí rì zhǎng hū ěr wú wú yǐ yě
子曰：“以吾一日长乎尔，毋吾以也。
jū zé yuē bù wú zhī yě rú huò zhī ěr zé hé yǐ
居则曰：‘不吾知也！’如或知尔，则何以
zāi
哉？”

zǐ lù shuài ěr ér duì yuē qiān shèng zhī guó shè hū dà
子路率尔而对曰："千乘之国，摄乎大
guó zhī jiān jiā zhī yǐ shī lǚ yīn zhī yǐ jī jǐn yóu yě wéi
国之间，加之以师旅，因之以饥馑；由也为
zhī bì jí sān nián kě shǐ yǒu yǒng qiě zhī fāng yě
之，比及三年，可使有勇，且知方也。"

fū zǐ shěn zhī
夫子哂之。

qiú ěr hé rú
"求！尔何如？"

duì yuē fāng liù qī shí rú wǔ liù shí qiú yě wéi
对曰："方六七十，如五六十，求也为
zhī bì jí sān nián kě shǐ zú mín rú qí lǐ yuè yǐ sì
之，比及三年，可使足民。如其礼乐，以俟
jūn zǐ
君子。"

chì ěr hé rú
"赤！尔何如？"

duì yuē fēi yuē néng zhī yuàn xué yān zōng miào zhī
对曰："非曰能之，愿学焉。宗庙之
shì rú huì tóng duān zhāng fǔ yuàn wéi xiǎo xiàng yān
事，如会同，端章甫，愿为小相焉。"

diǎn ěr hé rú
"点！尔何如？"

gǔ sè xī kēng ěr shě sè ér zuò duì yuē yì hū
鼓瑟希，铿尔，舍瑟而作。对曰："异乎
sān zǐ zhě zhī zhuàn
三子者之撰。"

zǐ yuē hé shāng hū yì gè yán qí zhì yě
子曰："何伤乎？亦各言其志也。"

yuē mù chūn zhě chūn fú jì chéng guàn zhě wǔ liù
曰："莫春者，春服既成。冠者五六
rén tóng zǐ liù qī rén yù hū yí fēng hū wǔ yú yǒng ér
人，童子六七人，浴乎沂，风乎舞雩，咏而

guī
归。”

fū zǐ kuì rán tàn yuē wú yǔ diǎn yě
夫子喟然叹曰：“吾与点也！”

sān zǐ zhě chū zēng xī hòu zēng xī yuē fú sān zǐ zhě zhī yán hé rú
三子者出，曾皙后。曾皙曰：“夫三子者之言何如？”

zǐ yuē yì gè yán qí zhì yě yǐ yǐ
子曰：“亦各言其志也已矣。”

yuē fū zǐ hé shěn yóu yě
曰：“夫子何哂由也？”

yuē wéi guó yǐ lǐ qí yán bú ràng shì gù shěn zhī
曰：“为国以礼，其言不让，是故哂之。”

wéi qiú zé fēi bāng yě yú
“唯求则非邦也与？”

ān jiàn fāng liù qī shí rú wǔ liù shí ér fēi bāng yě zhě
“安见方六七十如五六十而非邦也者？”

wéi chì zé fēi bāng yě yú
“唯赤则非邦也与？”

zōng miào huì tóng fēi zhū hóu ér hé chì yě wéi zhī xiǎo shú néng wéi zhī dà
“宗庙会同，非诸侯而何？赤也为之小，孰能为之大？”

yán yuān dì shí èr
颜渊第十二

yán yuān wèn rén zǐ yuē kè jǐ fù lǐ wéi rén yí
颜渊问仁。子曰：“克己复礼为仁。一

日克己复礼，天下归仁焉。为仁由己，而由人乎哉？”

颜渊曰：“请问其目。”子曰：“非礼勿视，非礼勿听，非礼勿言，非礼勿动。”

颜渊曰：“回虽不敏，请事斯语矣。”

仲弓问仁。子曰：“出门如见大宾，使民如承大祭。己所不欲，勿施于人。在邦无怨，在家无怨。”

仲弓曰：“雍虽不敏，请事斯语矣。”

司马牛问仁。子曰：“仁者，其言也讱。”曰：“其言也讱，斯谓之仁已乎？”子曰：“为之难，言之得无讱乎？”

司马牛问君子。子曰：“君子不忧不惧。”

曰：“不忧不惧，斯谓之君子已乎？”子曰：“内省不疚，夫何忧何惧？”

司马牛忧曰：“人皆有兄弟，我独亡。”

zǐ xià yuē shāng wén zhī yǐ sǐ shēng yǒu mìng fù guì zài
子夏曰：“商闻之矣：死生有命，富贵在
tiān jūn zǐ jìng ér wú shī yǔ rén gōng ér yǒu lǐ sì hǎi zhī
天。君子敬而无失，与人恭而有礼。四海之
nèi jiē xiōng dì yě jūn zǐ hé huàn hū wú xiōng dì yě
内，皆兄弟也。君子何患乎无兄弟也？”

zǐ zhāng wèn míng zǐ yuē jìn rùn zhī zèn fū shòu zhī
子张问明。子曰：“浸润之谮，肤受之
sù bù xíng yān kě wèi míng yě yǐ yǐ jìn rùn zhī zèn fū
愬，不行焉。可谓明也已矣。浸润之谮，肤
shòu zhī sù bù xíng yān kě wèi yuǎn yě yǐ yǐ
受之愬，不行焉，可谓远也已矣。”

zǐ gòng wèn zhèng zǐ yuē zú shí zú bīng mín xìn
子贡问政。子曰：“足食，足兵，民信
zhī yǐ
之矣。”

zǐ gòng yuē bì bù dé yǐ ér qù yú sī sān zhě hé
子贡曰：“必不得已而去，于斯三者何
xiān yuē qù bīng
先？”曰：“去兵。”

zǐ gòng yuē bì bù dé yǐ ér qù yú sī èr zhě hé
子贡曰：“必不得已而去，于斯二者何
xiān yuē qù shí zì gǔ jiē yǒu sǐ mín wú xìn bú
先？”曰：“去食。自古皆有死，民无信不
lì
立。”

jí zǐ chéng yuē jūn zǐ zhì ér yǐ yǐ hé yǐ wén
棘子成曰：“君子质而已矣，何以文
wéi zǐ gòng yuē xī hū fú zǐ zhī shuō jūn zǐ yě
为？”子贡曰：“惜乎！夫子之说君子也。
sì bù jí shé wén yóu zhì yě zhì yóu wén yě hǔ bào zhī kuò
驷不及舌。文犹质也，质犹文也。虎豹之鞟
yóu quǎn yáng zhī kuò
犹犬羊之鞟。”

āi gōng wèn yú yǒu ruò yuē nián jī yòng bù zú rú
哀公问于有若曰："年饥，用不足，如
zhī hé
之何？"

yǒu ruò duì yuē hé chè hū
有若对曰："盍彻乎？"

yuē èr wú yóu bù zú rú zhī hé qí chè yě
曰："二，吾犹不足，如之何其彻也？"

duì yuē bǎi xìng zú jūn shú yú bù zú bǎi xìng bù
对曰："百姓足，君孰与不足？百姓不
zú jūn shú yú zú
足，君孰与足？"

zǐ zhāng wèn chóng dé biàn huò zǐ yuē zhǔ zhōng xìn xǐ
子张问崇德辨惑。子曰："主忠信，徙
yì chóng dé yě ài zhī yù qí shēng wù zhī yù qí sǐ jì
义，崇德也。爱之欲其生，恶之欲其死。既
yù qí shēng yòu yù qí sǐ shì huò yě chéng bù yǐ fù
欲其生，又欲其死，是惑也。'诚不以富，
yì zhī yǐ yì
亦祇以异。'"

qí jǐng gōng wèn zhèng yú kǒng zǐ kǒng zǐ duì yuē jūn
齐景公问政于孔子。孔子对曰："君
jūn chén chén fù fù zǐ zǐ gōng yuē shàn zāi xìn
君，臣臣，父父，子子。"公曰："善哉！信
rú jūn bù jūn chén bù chén fù bú fù zǐ bù zǐ suī yǒu
如君不君，臣不臣，父不父，子不子，虽有
sù wú dé ér shí zhū
粟，吾得而食诸？"

zǐ yuē piàn yán kě yǐ zhé yù zhě qí yóu yě yú
子曰："片言可以折狱者，其由也与？"

zi lù wú sù nuò
子路无宿诺。

zǐ yuē tīng sòng wú yóu rén yě bì yě shǐ wú sòng
子曰："听讼，吾犹人也，必也使无讼

乎！”

子张问政。子曰：“居之无倦，行之以忠。”

子曰：“博学于文，约之以礼，亦可以弗畔矣夫！”

子曰：“君子成人之美，不成人之恶。小人反是。”

季康子问政于孔子。孔子对曰：“政者，正也。子帅以正，孰敢不正？”

季康子患盗，问于孔子。孔子对曰：“苟子之不欲，虽赏之不窃。”

季康子问政于孔子曰：“如杀无道，以就有道，何如？”孔子对曰：“子为政，焉用杀？子欲善而民善矣。君子之德风，小人之德草。草上之风，必偃。”

子张问：“士何如斯可谓之达矣？”子曰：“何哉，尔所谓达者？”子张对曰：“在邦必闻，在家必闻。”子曰：“是闻也，非达也。夫达也者，质直而好义，察言而观色，虑以下人。在邦必达，在家必达。夫闻也者，色取仁而行违，居之不疑。在邦必闻，在家必闻。”

樊迟从游于舞雩之下，曰：“敢问崇德，修慝，辨惑。”子曰：“善哉问！先事后得，非崇德与？攻其恶，无攻人之恶，非修慝与？一朝之忿，忘其身，以及其亲，非惑与？”

樊迟问仁。子曰：“爱人。”问知。子曰：“知人。”

樊迟未达。子曰：“举直错诸枉，能使枉者直。”

樊迟退，见子夏曰：“乡也吾见于夫子而问知，子曰，‘举直错诸枉，能使枉者直’，何谓也？”

zǐ xià yuē fù zāi yán hū shùn yǒu tiān xià xuǎn yú
子夏曰：“富哉言乎！舜有天下，选于
zhòng jǔ gāo yáo bù rén zhě yuǎn yǐ tāng yǒu tiān xià xuǎn yú
众，举皋陶，不仁者远矣。汤有天下，选于
zhòng jǔ yī yǐn bù rén zhě yuǎn yǐ
众，举伊尹，不仁者远矣。”

zǐ gòng wèn yǒu zǐ yuē zhōng gào ér shàn dǎo zhī bù
子贡问友。子曰：“忠告而善道之，不
kě zé zhǐ wú zì rǔ yān
可则止，毋自辱焉。”

zēng zǐ yuē jūn zǐ yǐ wén huì yǒu yǐ yǒu fǔ rén
曾子曰：“君子以文会友，以友辅仁。”

zǐ lù dì shí sān
子路第十三

zǐ lù wèn zhèng zǐ yuē xiān zhī láo zhī qǐng yì
子路问政。子曰：“先之劳之。”请益。
yuē wú juàn
曰：“无倦。”

zhòng gōng wéi jì shì zǎi wèn zhèng zǐ yuē xiān yǒu
仲弓为季氏宰，问政。子曰：“先有
sī shè xiǎo guò jǔ xián cái
司，赦小过，举贤才。”

yuē yān zhī xián cái ér jǔ zhī zǐ yuē jǔ ěr
曰：“焉知贤才而举之？”子曰：“举尔
suǒ zhī ěr suǒ bù zhī rén qí shě zhū
所知；尔所不知，人其舍诸？”

zǐ lù yuē wèi jūn dài zǐ ér wéi zhèng zǐ jiāng xī
子路曰：“卫君待子而为政，子将奚
xiān
先？”

zǐ yuē bì yě zhèng míng hū
子曰：“必也正名乎！”

子路曰："有是哉，子之迂也！奚其正？"

子曰："野哉，由也！君子于其所不知，盖阙如也。名不正，则言不顺；言不顺，则事不成；事不成，则礼乐不兴；礼乐不兴，则刑罚不中；刑罚不中，则民无所措手足。故君子名之必可言也，言之必可行也。君子于其言，无所苟而已矣。"

樊迟请学稼，子曰："吾不如老农。"请学为圃。曰："吾不如老圃。"

樊迟出。子曰："小人哉，樊须也！上好礼，则民莫敢不敬；上好义，则民莫敢不服；上好信，则民莫敢不用情。夫如是，则四方之民襁负其子而至矣，焉用稼？"

子曰："诵《诗》三百，授之以政，不达；使于四方，不能专对；虽多，亦奚以为？"

zǐ yuē qí shēn zhèng bú lìng ér xíng qí shēn bú zhèng suī lìng bù cóng

子曰：“其身正，不令而行；其身不正，虽令不从。”

zǐ yuē lǔ wèi zhī zhèng xiōng dì yě

子曰：“鲁卫之政，兄弟也。”

zǐ wèi wèi gōng zǐ jīng shàn jū shì shǐ yǒu yuē gǒu hé yǐ shǎo yǒu yuē gǒu wán yǐ fù yǒu yuē gǒu měi yǐ

子谓卫公子荆，“善居室。始有，曰：‘苟合矣。’少有，曰：‘苟完矣。’富有，曰：‘苟美矣。’”

zǐ shì wèi rǎn yǒu pú zǐ yuē shù yǐ zāi

子适卫，冉有仆。子曰：“庶矣哉！”

rǎn yǒu yuē jì shù yǐ yòu hé jiā yān yuē fù zhī yuē jì fù yǐ yòu hé jiā yān yuē jiào zhī

冉有曰：“既庶矣，又何加焉？”曰：“富之。”曰：“既富矣，又何加焉？”曰：“教之。”

zǐ yuē gǒu yǒu yòng wǒ zhě jī yuè ér yǐ kě yě sān nián yǒu chéng

子曰：“苟有用我者，期月而已可也，三年有成。”

zǐ yuē shàn rén wéi bāng bǎi nián yì kě yǐ shèng cán qù shā yǐ chéng zāi shì yán yě

子曰：“‘善人为邦百年，亦可以胜残去杀矣。’诚哉是言也！”

zǐ yuē rú yǒu wáng zhě bì shì ér hòu rén

子曰：“如有王者，必世而后仁。”

zǐ yuē gǒu zhèng qí shēn yǐ yú cóng zhèng hū hé yǒu bù néng zhèng qí shēn rú zhèng rén hé

子曰：“苟正其身矣，于从政乎何有？不能正其身，如正人何？”

rǎn zǐ tuì cháo zǐ yuē hé yàn yě duì yuē
冉子退朝。子曰："何晏也？"对曰：
yǒu zhèng zǐ yuē qí shì yě rú yǒu zhèng suī bù wú
"有政。"子曰："其事也。如有政，虽不吾
yǐ wú qí yù wén zhī
以，吾其与闻之。"

dìng gōng wèn yì yán ér kě yǐ xīng bāng yǒu zhū
定公问："一言而可以兴邦，有诸？"
kǒng zǐ duì yuē yán bù kě yǐ ruò shì qí jī yě rén
孔子对曰："言不可以若是其几也。人
zhī yán yuē wéi jūn nán wéi chén bú yì rú zhī wéi jūn zhī
之言曰：'为君难，为臣不易。'如知为君之
nán yě bù jī hū yì yán ér xīng bāng hū
难也，不几乎一言而兴邦乎？"

yuē yì yán ér sàng bāng yǒu zhū
曰："一言而丧邦，有诸？"
kǒng zǐ duì yuē yán bù kě yǐ ruò shì qí jī yě rén
孔子对曰："言不可以若是其几也。人
zhī yán yuē yú wú lè hū wéi jūn wéi qí yán ér mò yú wéi
之言曰：'予无乐乎为君，唯其言而莫予违
yě rú qí shàn ér mò zhī wéi yě bù yì shàn hū rú bú
也。'如其善而莫之违也，不亦善乎？如不
shàn ér mò zhī wéi yě bù jī hū yì yán ér sàng bāng hū
善而莫之违也，不几乎一言而丧邦乎？"

yè gōng wèn zhèng zǐ yuē jìn zhě yuè yuǎn zhě lái
叶公问政。子曰："近者说，远者来。"

zǐ xià wéi jǔ fǔ zǎi wèn zhèng zǐ yuē wú yù sù
子夏为莒父宰，问政。子曰："无欲速，
wú jiàn xiǎo lì yù sù zé bù dá jiàn xiǎo lì zé dà shì
无见小利。欲速，则不达；见小利，则大事
bù chéng
不成。"

yè gōng yù kǒng zǐ yuē wú dǎng yǒu zhí gōng zhě qí fù
叶公语孔子曰："吾党有直躬者，其父

rǎng yáng ér zǐ zhèng zhī kǒng zǐ yuē wú dǎng zhī zhí zhě
攘羊，而子证之。”孔子曰：“吾党之直者
yì yú shì fù wèi zǐ yǐn zǐ wèi fù yǐn zhí zài qí zhōng
异于是。父为子隐，子为父隐，直在其中
yǐ
矣。”

fán chí wèn rén zǐ yuē jū chǔ gōng zhí shì jìng yǔ
樊迟问仁。子曰：“居处恭，执事敬，与
rén zhōng suī zhī yí dí bù kě qì yě
人忠。虽之夷狄，不可弃也。”

zǐ gòng wèn yuē hé rú sī kě wèi zhī shì yǐ zǐ
子贡问曰：“何如斯可谓之士矣？”子
yuē xíng jǐ yǒu chǐ shǐ yú sì fāng bù rǔ jūn mìng kě
曰：“行己有耻，使于四方，不辱君命，可
wèi shì yǐ yuē gǎn wèn qí cì yuē zōng zú chēng
谓士矣。”曰：“敢问其次。”曰：“宗族称
xiào yān xiāng dǎng chēng tì yān yuē gǎn wèn qí cì
孝焉，乡党称弟焉。”曰：“敢问其次。”
yuē yán bì xìn xíng bì guǒ kēng kēng rán xiǎo rén zāi yì
曰：“言必信，行必果，硁硁然小人哉！抑
yì kě yǐ wéi cì yǐ
亦可以为次矣。”

yuē jīn zhī cóng zhèng zhě hé rú zǐ yuē yī
曰：“今之从政者何如？”子曰：“噫！
dòu shāo zhī rén hé zú suàn yě
斗筲之人，何足算也。”

zǐ yuē bù dé zhōng xíng ér yǔ zhī bì yě kuáng juàn
子曰：“不得中行而与之，必也狂狷
hū kuáng zhě jìn qǔ juàn zhě yǒu suǒ bù wéi yě
乎！狂者进取，狷者有所不为也。”

zǐ yuē nán rén yǒu yán yuē rén ér wú héng bù kě
子曰：“南人有言曰：‘人而无恒，不可
yǐ zuò wū yī shàn fú
以作巫医。’善夫！”

“不恒其德，或承之羞。”子曰：“不占而已矣。”

子曰：“君子和而不同，小人同而不和。”

子贡问曰：“乡人皆好之，何如？”子曰：“未可也。”“乡人皆恶之，何如？”子曰：“未可也。不如乡人之善者好之，其不善者恶之。”

子曰：“君子易事而难说也。说之不以道，不说也；及其使人也，器之。小人难事而易说也：说之虽不以道，说也；及其使人也，求备焉。”

子曰：“君子泰而不骄，小人骄而不泰。”

子曰：“刚、毅、木、讷，近仁。”

子路问曰：“何如斯可谓之士矣？”子曰：“切切偲偲，怡怡如也，可谓士矣。朋

yǒu qiè qiè sī sī xiōng dì yí yí
友切切偲偲，兄弟怡怡。”

zǐ yuē shàn rén jiào mín qī nián yì kě yǐ jí róng yǐ
子曰：“善人教民七年，亦可以即戎矣。”

zǐ yuē yǐ bú jiào mín zhàn shì wèi qì zhī
子曰：“以不教民战，是谓弃之。”

xiàn wèn dì shí sì
宪问第十四

xiàn wèn chǐ zǐ yuē bāng yǒu dào gǔ bāng wú dào gǔ chǐ yě
宪问耻。子曰：“邦有道，穀；邦无道，穀，耻也。”

kè fá yuàn yù bù xíng yān kě yǐ wéi rén yǐ zǐ yuē kě yǐ wéi nán yǐ rén zé wú bù zhī yě
“克、伐、怨、欲不行焉，可以为仁矣？”子曰：“可以为难矣，仁则吾不知也。”

zǐ yuē shì ér huái jū bù zú yǐ wéi shì yǐ
子曰：“士而怀居，不足以为士矣。”

zǐ yuē bāng yǒu dào wēi yán wēi xíng bāng wú dào wēi xíng yán xùn
子曰：“邦有道，危言危行；邦无道，危行言孙。”

zǐ yuē yǒu dé zhě bì yǒu yán yǒu yán zhě bú bì yǒu dé rén zhě bì yǒu yǒng yǒng zhě bú bì yǒu rén
子曰：“有德者必有言。有言者不必有德。仁者必有勇。勇者不必有仁。”

nán gōng kuò wèn yú kǒng zǐ yuē yì shàn shè ào dàng
南宫适问于孔子曰：“羿善射，奡荡

zhōu jù bù dé qí sǐ rán yǔ jì gōng jià ér yǒu tiān xià
舟，俱不得其死然。禹稷躬稼而有天下。”
fū zǐ bù dá nán gōng kuò chū zǐ yuē jūn zǐ zāi ruò
夫子不答。南宫适出。子曰：“君子哉若
rén shàng dé zāi ruò rén
人！尚德哉若人！”

zǐ yuē jūn zǐ ér bù rén zhě yǒu yǐ fú wèi yǒu xiǎo rén
子曰：“君子而不仁者有矣夫，未有小人
ér rén zhě yě
而仁者也。”

zǐ yuē ài zhī néng wù láo hū zhōng yān néng wù huì
子曰：“爱之，能勿劳乎？忠焉，能勿诲
hū
乎？”

zǐ yuē wéi mìng bì chén cǎo chuàng zhī shì shū tǎo lùn
子曰：“为命，裨谌草创之，世叔讨论
zhī xíng rén zǐ yǔ xiū shì zhī dōng lǐ zǐ chǎn rùn sè zhī
之，行人子羽修饰之，东里子产润色之。”

huò wèn zǐ chǎn zǐ yuē huì rén yě
或问子产。子曰：“惠人也。”

wèn zǐ xī yuē bǐ zāi bǐ zāi
问子西。曰：“彼哉！彼哉！”

wèn guǎn zhòng yuē rén yě duó bó shì pián yì
问管仲。曰：“人也。夺伯氏骈邑
sān bǎi fàn shū shí mò chǐ wú yuàn yán
三百，饭疏食，没齿无怨言。”

zǐ yuē pín ér wú yuàn nán fù ér wú jiāo yì
子曰：“贫而无怨难，富而无骄易。”

zǐ yuē mèng gōng chuò wéi zhào wèi lǎo zé yōu bù kě yǐ
子曰：“孟公绰为赵魏老则优，不可以
wéi téng xuē dà fū
为滕薛大夫。”

zǐ lù wèn chéng rén zǐ yuē ruò zāng wǔ zhòng zhī zhì
子路问成人。子曰：“若臧武仲之知，

gōng chuò zhī bú yù biàn zhuāng zǐ zhī yǒng rǎn qiú zhī yì wén
公绰之不欲，卞庄子之勇，冉求之艺，文
zhī yǐ lǐ yuè yì kě yǐ wéi chéng rén yǐ yuē jīn zhī
之以礼乐，亦可以为成人矣。”曰：“今之
chéng rén zhě hé bì rán jiàn lì sī yì jiàn wēi shòu mìng jiǔ
成人者何必然？见利思义，见危授命，久
yuē bú wàng píng shēng zhī yán yì kě yǐ wéi chéng rén yǐ
要不忘平生之言，亦可以为成人矣。”

zǐ wèn gōng shū wén zǐ yú gōng míng jiǎ yuē xìn hū fū
子问公叔文子于公明贾曰：“信乎，夫
zǐ bù yán bú xiào bù qǔ hū
子不言，不笑，不取乎？”

gōng míng jiǎ duì yuē yǐ gào zhě guò yě fū zǐ shí rán
公明贾对曰：“以告者过也。夫子时然
hòu yán rén bú yàn qí yán lè rán hòu xiào rén bú yàn qí
后言，人不厌其言；乐然后笑，人不厌其
xiào yì rán hòu qǔ rén bú yàn qí qǔ
笑；义然后取，人不厌其取。”

zǐ yuē qí rán qǐ qí rán hū
子曰：“其然，岂其然乎？”

zǐ yuē zāng wǔ zhòng yǐ fáng qiú wéi hòu yú lǔ suī yuē
子曰：“臧武仲以防求为后于鲁，虽曰
bù yāo jūn wú bú xìn yě
不要君，吾不信也。”

zǐ yuē jìn wén gōng jué ér bú zhèng qí huán gōng zhèng ér
子曰：“晋文公谲而不正，齐桓公正而
bù jué
不谲。”

zǐ lù yuē huán gōng shā gōng zǐ jiū shào hū sǐ zhī
子路曰：“桓公杀公子纠，召忽死之，
guǎn zhòng bù sǐ yuē wèi rén hū zǐ yuē huán gōng
管仲不死。”曰：“未仁乎？”子曰：“桓公
jiǔ hé zhū hóu bù yǐ bīng chē guǎn zhòng zhī lì yě rú qí
九合诸侯，不以兵车，管仲之力也。如其

仁！如其仁！”

子贡曰：“管仲非仁者与？桓公杀公子纠，不能死，又相之。”子曰：“管仲相桓公，霸诸侯，一匡天下，民到于今受其赐。微管仲，吾其被发左衽矣。岂若匹夫匹妇之为谅也，自经于沟渎而莫之知也。”

公叔文子之臣大夫僎与文子同升诸公。子闻之曰：“可以为‘文’矣。”

子言卫灵公之无道也，康子曰：“夫如是，奚而不丧？”孔子曰：“仲叔圉治宾客，祝鮀治宗庙，王孙贾治军旅。夫如是，奚其丧？”

子曰：“其言之不怍，则为之也难。”

陈成子弑简公。孔子沐浴而朝，告于哀公曰：“陈恒弑其君，请讨之。”公曰：“告夫三子！”

孔子曰：“以吾从大夫之后，不敢不告

yě jūn yuē gào fú sān zǐ zhě zhī sān zǐ gào bù
也。君曰‘告夫三子’者。”之三子告，不
kě kǒng zǐ yuē yǐ wú cóng dà fu zhī hòu bù gǎn bú gào
可。孔子曰：“以吾从大夫之后，不敢不告
yě
也。”

zǐ lù wèn shì jūn zǐ yuē wù qī yě ér fàn
子路问事君。子曰：“勿欺也，而犯
zhī
之。”

zǐ yuē jūn zǐ shàng dá xiǎo rén xià dá
子曰：“君子上达，小人下达。”

zǐ yuē gǔ zhī xué zhě wèi jǐ jīn zhī xué zhě wèi
子曰：“古之学者为己，今之学者为
rén
人。”

qú bó yù shǐ rén yú kǒng zǐ kǒng zǐ yǔ zhī zuò ér wèn
蘧伯玉使人于孔子。孔子与之坐而问
yān yuē fū zǐ hé wéi duì yuē fū zǐ yù guǎ qí
焉，曰：“夫子何为？”对曰：“夫子欲寡其
guò ér wèi néng yě shǐ zhě chū zǐ yuē shǐ hū shǐ
过而未能也。”使者出。子曰：“使乎！使
hū
乎！”

zǐ yuē bú zài qí wèi bù móu qí zhèng
子曰：“不在其位，不谋其政。”

zēng zǐ yuē jūn zǐ sī bù chū qí wèi
曾子曰：“君子思不出其位。”

zǐ yuē jūn zǐ chǐ qí yán ér guò qí xíng
子曰：“君子耻其言而过其行。”

zǐ yuē jūn zǐ dào zhě sān wǒ wú néng yān rén zhě
子曰：“君子道者三，我无能焉：仁者
bù yōu zhì zhě bú huò yǒng zhě bú jù zǐ gòng yuē fū
不忧，知者不惑，勇者不惧。”子贡曰：“夫

zǐ zì dào yě
子自道也。”

zǐ gòng bàng rén zǐ yuē cì yě xián hū zāi fú wǒ
子贡方人。子曰：“赐也贤乎哉？夫我
zé bù xiá
则不暇。”

zǐ yuē bú huàn rén zhī bù jǐ zhī huàn qí bù néng
子曰：“不患人之不己知，患其不能
yě
也。”

zǐ yuē bú nì zhà bú yì bú xìn yì yì xiān jué
子曰：“不逆诈，不亿不信。抑亦先觉
zhě shì xián hū
者，是贤乎！”

wēi shēng mǔ wèi kǒng zǐ yuē qiū hé wèi shì xī xī zhě
微生亩谓孔子曰：“丘何为是栖栖者
yú wú nǎi wéi nìng hū kǒng zǐ yuē fēi gǎn wéi nìng yě
与？无乃为佞乎？”孔子曰：“非敢为佞也，
jí gù yě
疾固也。”

zǐ yuē jì bù chēng qí lì chēng qí dé yě
子曰：“骥不称其力，称其德也。”

huò yuē yǐ dé bào yuàn hé rú zǐ yuē hé
或曰：“以德报怨，何如？”子曰：“何
yǐ bào dé yǐ zhí bào yuàn yǐ dé bào dé
以报德？以直报怨，以德报德。”

zǐ yuē mò wǒ zhī yě fú zǐ gòng yuē hé wèi
子曰：“莫我知也夫！”子贡曰：“何为
qí mò zhī zǐ yě zǐ yuē bú yuàn tiān bù yóu rén xià
其莫知子也？”子曰：“不怨天，不尤人。下
xué ér shàng dá zhī wǒ zhě qí tiān hū
学而上达。知我者其天乎！”

gōng bó liáo sù zǐ lù yú jì sūn zǐ fú jǐng bó yǐ gào
公伯寮愬子路于季孙。子服景伯以告，

曰：“夫子固有惑志于公伯寮，吾力犹能肆诸市朝。”子曰：“道之将行也与？命也。道之将废也与？命也。公伯寮其如命何！”

子曰：“贤者辟世，其次辟地，其次辟色，其次辟言。”

子曰：“作者七人矣。”

子路宿于石门。晨门曰：“奚自？”子路曰：“自孔氏。”曰：“是知其不可而为之者与？”

子击磬于卫。有荷蒉而过孔氏之门者，曰：“有心哉！击磬乎！”既而曰：“鄙哉！硁硁乎！莫己知也，斯已而已矣。深则厉，浅则揭。”

子曰：“果哉！末之难矣。”

子张曰：“《书》云：‘高宗谅阴，三年不言。’何谓也？”子曰：“何必高宗，古之人皆然。君薨，百官总己以听于冢宰三

nián
年。”

zǐ yuē shàng hào lǐ zé mín yì shǐ yě
子曰：“上好礼，则民易使也。”

zi lù wèn jūn zǐ zǐ yuē xiū jǐ yǐ jìng
子路问君子。子曰：“修己以敬。”

yuē rú sī ér yǐ hū yuē xiū jǐ yǐ ān
曰：“如斯而已乎？”曰：“修己以安

rén yuē rú sī ér yǐ hū yuē xiū jǐ yǐ ān
人。”曰：“如斯而已乎？”曰：“修己以安

bǎi xìng xiū jǐ yǐ ān bǎi xìng yáo shùn qí yóu bìng zhū
百姓。修己以安百姓，尧舜其犹病诸！”

yuán rǎng yí sì zǐ yuē yòu ér bù xùn tì zhǎng ér
原壤夷俟。子曰：“幼而不孙弟，长而

wú shù yān lǎo ér bù sǐ shì wéi zéi yǐ zhàng kòu qí
无述焉，老而不死，是为贼！”以杖叩其

jìng
胫。

quē dǎng tóng zǐ jiāng mìng huò wèn zhī yuē yì zhě
阙党童子将命。或问之曰：“益者

yú zǐ yuē wú jiàn qí jū yú wèi yě jiàn qí yǔ xiān
与？”子曰：“吾见其居于位也，见其与先

shēng bìng xíng yě fēi qiú yì zhě yě yù sù chéng zhě yě
生并行也。非求益者也，欲速成者也。”

wèi líng gōng dì shí wǔ

卫灵公第十五

wèi líng gōng wèn zhèn yú kǒng zǐ kǒng zǐ duì yuē zǔ
卫灵公问陈于孔子。孔子对曰：“俎

dòu zhī shì zé cháng wén zhī yǐ jūn lǚ zhī shì wèi zhī xué
豆之事，则尝闻之矣；军旅之事，未之学

yě míng rì suì xíng
也。”明日遂行。

zài chén jué liáng cóng zhě bìng mò néng xīng zǐ lù yùn jiàn
在陈绝粮，从者病，莫能兴。子路愠见
yuē jūn zǐ yì yǒu qióng hū zǐ yuē jūn zǐ gù qióng
曰：“君子亦有穷乎？”子曰：“君子固穷，
xiǎo rén qióng sī làn yǐ
小人穷斯滥矣。”

zǐ yuē cì yě rǔ yǐ yú wéi duō xué ér zhì zhī zhě
子曰：“赐也，女以予为多学而识之者
yú duì yuē rán fēi yú yuē fēi yě yú
与？”对曰：“然，非与？”曰：“非也，予
yì yǐ guàn zhī
一以贯之。”

zǐ yuē yóu zhī dé zhě xiǎn yǐ
子曰：“由！知德者鲜矣。”

zǐ yuē wú wéi ér zhì zhě qí shùn yě yú fú hé wéi
子曰：“无为而治者其舜也与？夫何为
zāi gōng jǐ zhèng nán miàn ér yǐ yǐ
哉，恭己正南面而已矣。”

zǐ zhāng wèn xíng zǐ yuē yán zhōng xìn xíng dǔ jìng
子张问行。子曰：“言忠信，行笃敬，
suī mán mò zhī bāng xíng yǐ yán bù zhōng xìn xíng bù dǔ jìng
虽蛮貊之邦行矣；言不忠信，行不笃敬，
suī zhōu lǐ xíng hū zāi lì zé jiàn qí cān yú qián yě zài yú
虽州里，行乎哉？立则见其参于前也；在舆
zé jiàn qí yǐ yú héng yě fú rán hòu xíng zǐ zhāng shū zhū
则见其倚于衡也，夫然后行。”子张书诸
shēn
绅。

zǐ yuē zhí zāi shǐ yú bāng yǒu dào rú shǐ bāng
子曰：“直哉史鱼！邦有道，如矢；邦
wú dào rú shǐ jūn zǐ zāi qú bó yù bāng yǒu dào zé
无道，如矢。”君子哉蘧伯玉！邦有道，则
shì bāng wú dào zé kě juǎn ér huái zhī
仕；邦无道，则可卷而怀之。”

zǐ yuē kě yǔ yán ér bù yǔ zhī yán shī rén bù kě
子曰："可与言而不与之言，失人；不可
yǔ yán ér yǔ zhī yán shī yán zhì zhě bù shī rén yì bù shī
与言而与之言，失言。知者不失人，亦不失
yán
言。"

zǐ yuē zhì shì rén rén wú qiú shēng yǐ hài rén yǒu
子曰："志士仁人，无求生以害仁，有
shā shēn yǐ chéng rén
杀身以成仁。"

zǐ gòng wèn wéi rén zǐ yuē gōng yù shàn qí shì bì
子贡问为仁。子曰："工欲善其事，必
xiān lì qí qì jū shì bāng yě shì qí dà fū zhī xián zhě yǒu
先利其器。居是邦也，事其大夫之贤者，友
qí shì zhī rén zhě
其士之仁者。"

yán yuān wèn wéi bāng zǐ yuē xíng xià zhī shí chéng yīn
颜渊问为邦。子曰："行夏之时，乘殷
zhī lù fú zhōu zhī miǎn yuè zé sháo wǔ fàng
之辂，服周之冕，乐则《韶》《舞》。放
zhèngshēng yuǎn nìng rén zhèngshēng yín nìng rén dài
郑声，远佞人。郑声淫，佞人殆。"

zǐ yuē rén wú yuǎn lǜ bì yǒu jìn yōu
子曰："人无远虑，必有近忧。"

zǐ yuē yǐ yǐ hū wú wèi jiàn hào dé rú hào sè zhě
子曰："已矣乎！吾未见好德如好色者
yě
也。"

zǐ yuē zāng wén zhòng qí qiè wèi zhě yú zhī liǔ xià huì
子曰："臧文仲其窃位者与？知柳下惠
zhī xián ér bù yǔ lì yě
之贤而不与立也。"

zǐ yuē gōng zì hòu ér bó zé yú rén zé yuǎn yuàn
子曰："躬自厚而薄责于人，则远怨

yǐ
矣。”

zǐ yuē bù yuē rú zhī hé rú zhī hé zhě wú mò rú zhī hé yě yǐ yǐ
子曰：“不曰‘如之何，如之何’者，吾末如之何也已矣。”

zǐ yuē qún jū zhōng rì yán bù jí yì hào xíng xiǎo huì nán yǐ zāi
子曰：“群居终日，言不及义，好行小慧，难矣哉！”

zǐ yuē jūn zǐ yì yǐ wéi zhì lǐ yǐ xíng zhī xùn yǐ chū zhī xìn yǐ chéng zhī jūn zǐ zāi
子曰：“君子义以为质，礼以行之，孙以出之，信以成之。君子哉！”

zǐ yuē jūn zǐ bìng wú néng yān bú bìng rén zhī bù jǐ zhī yě
子曰：“君子病无能焉，不病人之不己知也。”

zǐ yuē jūn zǐ jí mò shì ér míng bù chēng yān
子曰：“君子疾没世而名不称焉。”

zǐ yuē jūn zǐ qiú zhū jǐ xiǎo rén qiú zhū rén
子曰：“君子求诸己，小人求诸人。”

zǐ yuē jūn zǐ jīn ér bù zhēng qún ér bù dǎng
子曰：“君子矜而不争，群而不党。”

zǐ yuē jūn zǐ bù yǐ yán jǔ rén bù yǐ rén fèi yán
子曰：“君子不以言举人，不以人废言。”

zǐ gòng wèn yuē yǒu yì yán ér kě yǐ zhōng shēn xíng zhī zhě hū zǐ yuē qí shù hū jǐ suǒ bù yù wù shī yú rén
子贡问曰：“有一言而可以终身行之者乎？”子曰：“其恕乎！己所不欲，勿施于人。”

子曰："吾之于人也，谁毁谁誉？如有所誉者，其有所试矣。斯民也，三代之所以直道而行也。"

子曰："吾犹及史之阙文也，有马者借人乘之。今亡矣夫！"

子曰："巧言乱德，小不忍则乱大谋。"

子曰："众恶之，必察焉；众好之，必察焉。"

子曰："人能弘道，非道弘人。"

子曰："过而不改，是谓过矣。"

子曰："吾尝终日不食，终夜不寝，以思，无益，不如学也。"

子曰："君子谋道不谋食。耕也，馁在其中矣；学也，禄在其中矣。君子忧道不忧贫。"

子曰："知及之，仁不能守之，虽得之，必失之。知及之，仁能守之，不庄以

lì zhī zé mín bú jìng zhì jí zhī rén néng shǒu zhī zhuāng
莅之，则民不敬。知及之，仁能守之，庄

yǐ lì zhī dòng zhī bù yǐ lǐ wèi shàn yě
以莅之，动之不以礼，未善也。”

zǐ yuē jūn zǐ bù kě xiǎo zhī ér kě dà shòu yě xiǎo rén
子曰：“君子不可小知而可大受也；小人

bù kě dà shòu ér kě xiǎo zhī yě
不可大受，而可小知也。”

zǐ yuē mín zhī yú rén yě shèn yú shuǐ huǒ shuǐ huǒ
子曰：“民之于仁也，甚于水火。水火，

wú jiàn dǎo ér sǐ zhě yǐ wèi jiàn dǎo rén ér sǐ zhě yě
吾见蹈而死者矣，未见蹈仁而死者也。”

zǐ yuē dāng rén bú ràng yú shī
子曰：“当仁，不让于师。”

zǐ yuē jūn zǐ zhēn ér bú liàng
子曰：“君子贞而不谅。”

zǐ yuē shì jūn jìng qí shì ér hòu qí shí
子曰：“事君，敬其事而后其食。”

zǐ yuē yǒu jiào wú lèi
子曰：“有教无类。”

zǐ yuē dào bù tóng bù xiāng wéi móu
子曰：“道不同，不相为谋。”

zǐ yuē cí dá ér yǐ yǐ
子曰：“辞达而已矣。”

shī miǎn jiàn jí jiē zǐ yuē jiē yě jí xí
师冕见，及阶，子曰：“阶也。”及席，

zǐ yuē xí yě jiē zuò zǐ gào zhī yuē mǒu zài
子曰：“席也。”皆坐，子告之曰：“某在

sī mǒu zài sī
斯，某在斯。”

shī miǎn chū zǐ zhāng wèn yuē yǔ shī yán zhī dào
师冕出。子张问曰：“与师言之道

yú zǐ yuē rán gù xiàng shī zhī dào yě
与？”子曰：“然。固相师之道也。”

jì shì dì shí liù

季氏第十六

jì shì jiāng fá zhuān yú rǎn yǒu jì lù jiàn yú kǒng zǐ
季氏将伐颛臾。冉有、季路见于孔子
yuē jì shì jiāng yǒu shì yú zhuān yú
曰：“季氏将有事于颛臾。”

kǒng zǐ yuē qiú wú nǎi ěr shì guò yú fú zhuān
孔子曰：“求！无乃尔是过与？夫颛
yú xī zhě xiān wáng yǐ wéi dōng méng zhǔ qiě zài bāng yù zhī zhōng
臾，昔者先王以为东蒙主，且在邦域之中
yǐ shì shè jì zhī chén yě hé yǐ fá wéi
矣，是社稷之臣也。何以伐为？”

rǎn yǒu yuē fū zǐ yù zhī wú èr chén zhě jiē bú yù
冉有曰：“夫子欲之，吾二臣者皆不欲
yě
也。”

kǒng zǐ yuē qiú zhōu rèn yǒu yán yuē chén lì jiù
孔子曰：“求！周任有言曰：‘陈力就
liè bù néng zhě zhǐ wēi ér bù chí diān ér bù fú
列，不能者止。’危而不持，颠而不扶，
zé jiāng yān yòng bǐ xiàng yǐ qiě ěr yán guò yǐ hǔ sì chū yú
则将焉用彼相矣？且尔言过矣。虎兕出于
xiá guī yù huǐ yú dú zhōng shì shuí zhī guò yú
柙，龟玉毁于椟中，是谁之过与？”

rǎn yǒu yuē jīn fú zhuān yú gù ér jìn yú bì jīn
冉有曰：“今夫颛臾，固而近于费。今
bù qǔ hòu shì bì wéi zǐ sūn yōu
不取，后世必为子孙忧。”

kǒng zǐ yuē qiú jūn zǐ jí fú shě yuē yù zhī ér bì
孔子曰：“求！君子疾夫舍曰欲之而必
wèi zhī cí qiū yě wén yǒu guó yǒu jiā zhě bú huàn guǎ ér huàn bù
为之辞。丘也闻有国有家者，不患寡而患不

jūn bú huàn pín ér huàn bù ān gài jūn wú pín hé wú guǎ
均，不患贫而患不安。盖均无贫，和无寡，
ān wú qīng fú rú shì gù yuǎn rén bù fú zé xiū wén dé yǐ
安无倾。夫如是，故远人不服，则修文德以
lái zhī jì lái zhī zé ān zhī jīn yóu yǔ qiú yě xiàng fū
来之。既来之，则安之。今由与求也，相夫
zǐ yuǎn rén bù fú ér bù néng lái yě bāng fēn bēng lí xī
子，远人不服，而不能来也；邦分崩离析，
ér bù néng shǒu yě ér móu dòng gān gē yú bāng nèi wú kǒng jì
而不能守也；而谋动干戈于邦内。吾恐季
sūn zhī yōu bú zài zhuān yú ér zài xiāo qiáng zhī nèi yě
孙之忧，不在颛臾，而在萧墙之内也。”

kǒng zǐ yuē tiān xià yǒu dào zé lǐ yuè zhēng fá zì tiān
孔子曰：“天下有道，则礼乐征伐自天
zǐ chū tiān xià wú dào zé lǐ yuè zhēng fá zì zhū hóu chū zì
子出；天下无道，则礼乐征伐自诸侯出。自
zhū hóu chū gài shí shì xī bù shī yǐ zì dà fū chū wǔ shì
诸侯出，盖十世希不失矣；自大夫出，五世
xī bù shī yǐ péi chén zhí guó mìng sān shì xī bù shī yǐ tiān
希不失矣；陪臣执国命，三世希不失矣。天
xià yǒu dào zé zhèng bú zài dà fū tiān xià yǒu dào zé shù rén
下有道，则政不在大夫。天下有道，则庶人
bú yì
不议。”

kǒng zǐ yuē lù zhī qù gōng shì wǔ shì yǐ zhèng dài yú
孔子曰：“禄之去公室五世矣；政逮于
dà fū sì shì yǐ gù fú sān huán zhī zǐ sūn wēi yǐ
大夫四世矣，故夫三桓之子孙微矣。”

kǒng zǐ yuē yì zhě sān yǒu sǔn zhě sān yǒu yǒu
孔子曰：“益者三友，损者三友。友
zhí yǒu liàng yǒu duō wén yì yǐ yǒu biàn pì yǒu shàn
直，友谅，友多闻，益矣。友便辟，友善
róu yǒu biàn nìng sǔn yǐ
柔，友便佞，损矣。”

kǒng zǐ yuē yì zhě sān lè sǔn zhě sān lè lè jié
孔子曰："益者三乐，损者三乐。乐节
lǐ yuè lè dào rén zhī shàn lè duō xián yǒu yì yǐ lè jiāo
礼乐，乐道人之善，乐多贤友，益矣。乐骄
lè lè yì yóu lè yàn lè sǔn yǐ
乐，乐佚游，乐宴乐，损矣。"

kǒng zǐ yuē shì yú jūn zǐ yǒu sān qiān yán wèi jí zhī
孔子曰："侍于君子有三愆：言未及之
ér yán wèi zhī zào yán jí zhī ér bù yán wèi zhī yǐn wèi jiàn yán
而言谓之躁，言及之而不言谓之隐，未见颜
sè ér yán wèi zhī gǔ
色而言谓之瞽。"

kǒng zǐ yuē jūn zǐ yǒu sān jiè shào zhī shí xuè qì
孔子曰："君子有三戒：少之时，血气
wèi dìng jiè zhī zài sè jí qí zhuàng yě xuè qì fāng gāng
未定，戒之在色；及其壮也，血气方刚，
jiè zhī zài dòu jí qí lǎo yě xuè qì jì shuāi jiè zhī zài
戒之在斗；及其老也，血气既衰，戒之在
dé
得。"

kǒng zǐ yuē jūn zǐ yǒu sān wèi wèi tiān mìng wèi dà
孔子曰："君子有三畏：畏天命，畏大
ren wèi shèng rén zhī yán xiǎo rén bù zhī tiān mìng ér bú wèi yě
人，畏圣人之言。小人不知天命而不畏也，
xiá dà rén wǔ shèng rén zhī yán
狎大人，侮圣人之言。"

kǒng zǐ yuē shēng ér zhī zhī zhě shàng yě xué ér zhī
孔子曰："生而知之者，上也；学而知
zhī zhě cì yě kùn ér xué zhī yòu qí cì yě kùn ér bù
之者，次也；困而学之，又其次也；困而不
xué mín sī wéi xià yǐ
学，民斯为下矣。"

kǒng zǐ yuē jūn zǐ yǒu jiǔ sī shì sī míng tīng sī
孔子曰："君子有九思：视思明，听思

cōng sè sī wēn mào sī gōng yán sī zhōng shì sī jìng yí
聪，色思温，貌思恭，言思忠，事思敬，疑
sī wèn fèn sī nàn jiàn dé sī yì
思问，忿思难，见得思义。”

kǒng zǐ yuē jiàn shàn rú bù jí jiàn bú shàn rú tàn
孔子曰：“见善如不及，见不善如探
tāng wú jiàn qí rén yǐ wú wén qí yǔ yǐ yǐn jū yǐ qiú qí
汤。吾见其人矣，吾闻其语矣。隐居以求其
zhì xíng yì yǐ dá qí dào wú wén qí yǔ yǐ wèi jiàn qí rén
志，行义以达其道。吾闻其语矣，未见其人
yě
也。”

qí jǐng gōng yǒu mǎ qiān sì sǐ zhī rì mín wú dé ér chēng
齐景公有马千驷，死之日，民无德而称
yān bó yí shū qí è yú shǒu yáng zhī xià mín dào yú jīn chēng
焉。伯夷叔齐饿于首阳之下，民到于今称
zhī qí sī zhī wèi yú
之。其斯之谓与？

chén gāng wèn yú bó yú yuē zǐ yì yǒu yì wén hū duì
陈亢问于伯鱼曰：“子亦有异闻乎？”对
yuē wèi yě cháng dú lì lǐ qū ér guò tíng yuē xué
曰：“未也。尝独立，鲤趋而过庭。曰：‘学
shī hū duì yuē wèi yě bù xué shī wú yǐ
诗乎？’对曰：‘未也。’‘不学诗，无以
yán lǐ tuì ér xué shī tā rì yòu dú lì lǐ qū ér guò
言。’鲤退而学诗。他日又独立，鲤趋而过
tíng yuē xué lǐ hū duì yuē wèi yě bù xué
庭。曰：‘学礼乎？’对曰：‘未也。’‘不学
lǐ wú yǐ lì lǐ tuì ér xué lǐ wén sī èr zhě
礼，无以立。’鲤退而学礼。闻斯二者。”

chén gāng tuì ér xǐ yuē wèn yī dé sān wén shī wén
陈亢退而喜曰：“问一得三，闻诗，闻
lǐ yòu wén jūn zǐ zhī yuǎn qí zǐ yě
礼，又闻君子之远其子也。”

bāng jūn zhī qī jūn chēng zhī yuē fū rén fū rén zì chēng
邦君之妻，君称之曰夫人，夫人自称
yuē xiǎo tóng bāng rén chēng zhī yuē jūn fū ren chēng zhū yì bāng yuē
曰小童；邦人称之曰君夫人，称诸异邦曰
guǎ xiǎo jūn yì bāng rén chēng zhī yì yuē jūn fū rén
寡小君；异邦人称之亦曰君夫人。

yáng huò dì shí qī
阳货第十七

yáng huò yù jiàn kǒng zǐ kǒng zǐ bú jiàn kuì kǒng zǐ tún
阳货欲见孔子，孔子不见，归孔子豚。
kǒng zǐ shí qí wú yě ér wǎng bài zhī
孔子时其亡也，而往拜之。
yù zhū tú
遇诸涂。
wèi kǒng zǐ yuē lái yú yǔ ěr yán yuē
谓孔子曰："来！予与尔言。"曰：
huái qí bǎo ér mí qí bāng kě wèi rén hū yuē bù
"怀其宝而迷其邦，可谓仁乎？"曰："不
kě hào cóng shì ér qì shī shí kě wèi zhì hū yuē
可。""好从事而亟失时，可谓知乎？"曰：
bù kě rì yuè shì yǐ suì bù wǒ yǔ kǒng zǐ
"不可。""日月逝矣，岁不我与。"孔子
yuē nuò wú jiāng shì yǐ
曰："诺；吾将仕矣。"

zǐ yuē xìng xiāng jìn yě xí xiāng yuǎn yě
子曰："性相近也，习相远也。"

zǐ yuē wéi shàng zhì yǔ xià yú bù yí
子曰："唯上知与下愚不移。"

zǐ zhī wǔ chéng wén xián gē zhī shēng fū zǐ wǎn ěr ér
子之武城，闻弦歌之声。夫子莞尔而
xiào yuē gē jī yān yòng niú dāo
笑，曰："割鸡焉用牛刀？"

zi yóu duì yuē xī zhě yǎn yě wén zhū fū zǐ yuē jūn
子游对曰："昔者偃也闻诸夫子曰：'君
zǐ xué dào zé ài rén xiǎo rén xué dào zé yì shǐ yě
子学道则爱人，小人学道则易使也。'"

zǐ yuē èr sān zǐ yǎn zhī yán shì yě qián yán xì zhī
子曰："二三子！偃之言是也。前言戏之
ěr
耳。"

gōng shān fú rǎo yǐ bì pàn zhào zǐ yù wǎng
公山弗扰以费畔，召，子欲往。

zǐ lù bú yuè yuē mò zhī yě yǐ hé bì gōng
子路不说，曰："末之也，已，何必公
shān shì zhī zhī yě zǐ yuē fú zhào wǒ zhě ér qǐ tú
山氏之之也。"子曰："夫召我者，而岂徒
zāi rú yǒu yòng wǒ zhě wú qí wéi dōng zhōu hū
哉？如有用我者，吾其为东周乎？"

zǐ zhāng wèn rén yú kǒng zǐ kǒng zǐ yuē néng xíng wǔ zhě
子张问仁于孔子。孔子曰："能行五者
yú tiān xià wéi rén yǐ
于天下，为仁矣。"

qǐng wèn zhī yuē gōng kuān xìn mǐn huì
请问之。曰："恭、宽、信、敏、惠。
gōng zé bù wǔ kuān zé dé zhòng xìn zé rén rèn yān mǐn zé yǒu
恭则不侮，宽则得众，信则人任焉，敏则有
gōng huì zé zú yǐ shǐ rén
功，惠则足以使人。"

bì xī zhào zǐ yù wǎng
佛肸召，子欲往。

zǐ lù yuē xī zhě yóu yě wén zhū fū zǐ yuē qīn yú
子路曰："昔者由也闻诸夫子曰：'亲于
qí shēn wéi bú shàn zhě jūn zǐ bú rù yě bì xī yǐ zhōng móu
其身为不善者，君子不入也。'佛肸以中牟
pàn zǐ zhī wǎng yě rú zhī hé
畔，子之往也，如之何！"

子曰：“然。有是言也。不曰坚乎，磨而不磷；不曰白乎，涅而不缁。吾岂匏瓜也哉？焉能系而不食？”

子曰：“由也，女闻六言六蔽矣乎？”对曰：“未也。”“居！吾语女。好仁不好学，其蔽也愚；好知不好学，其蔽也荡；好信不好学，其蔽也贼；好直不好学，其蔽也绞；好勇不好学，其蔽也乱；好刚不好学，其蔽也狂。”

子曰：“小子何莫学夫诗？诗，可以兴，可以观，可以群，可以怨。迩之事父，远之事君；多识于鸟兽草木之名。”

子谓伯鱼曰：“女为《周南》《召南》矣乎？人而不为《周南》《召南》，其犹正墙面而立也与？”

子曰：“礼云礼云，玉帛云乎哉？乐云乐云，钟鼓云乎哉？”

zǐ yuē sè lì ér nèi rěn pì zhū xiǎo rén qí yóu chuān yú zhī dào yě yú

子曰："色厉而内荏，譬诸小人，其犹穿窬之盗也与？"

zǐ yuē xiāng yuàn dé zhī zéi yě

子曰："乡愿，德之贼也。"

zǐ yuē dào tīng ér tú shuō dé zhī qì yě

子曰："道听而涂说，德之弃也。"

zǐ yuē bǐ fū kě yǔ shì jūn yě yú zāi qí wèi dé zhī yě huàn dé zhī jì dé zhī huàn shī zhī gǒu huàn shī zhī wú suǒ bú zhì yǐ

子曰："鄙夫可与事君也与哉？其未得之也，患得之；既得之，患失之。苟患失之，无所不至矣。"

zǐ yuē gǔ zhě mín yǒu sān jí jīn yě huò shì zhī wú yě gǔ zhī kuáng yě sì jīn zhī kuáng yě dàng gǔ zhī jīn yě lián jīn zhī jīn yě fèn lì gǔ zhī yú yě zhí jīn zhī yú yě zhà ér yǐ yǐ

子曰："古者民有三疾，今也或是之亡也。古之狂也肆，今之狂也荡；古之矜也廉，今之矜也忿戾；古之愚也直，今之愚也诈而已矣。"

zǐ yuē qiǎo yán lìng sè xiǎn yǐ rén

子曰："巧言令色，鲜矣仁。"

zǐ yuē wù zǐ zhī duó zhū yě wù zhèng shēng zhī luàn yǎ yuè yě wù lì kǒu zhī fù bāng jiā zhě

子曰："恶紫之夺朱也，恶郑声之乱雅乐也，恶利口之覆邦家者。"

zǐ yuē yú yù wú yán zǐ gòng yuē zǐ rú bù yán zé xiǎo zǐ hé shù yān zǐ yuē tiān hé yán zāi sì shí xíng yān bǎi wù shēng yān tiān hé yán zāi

子曰："予欲无言。"子贡曰："子如不言，则小子何述焉？"子曰："天何言哉？四时行焉，百物生焉，天何言哉！"

rú bēi yù jiàn kǒng zǐ kǒng zǐ cí yǐ jí jiāng mìng zhě chū
孺悲欲见孔子，孔子辞以疾。将命者出
hù qǔ sè ér gē shǐ zhī wén zhī
户，取瑟而歌，使之闻之。

zǎi wǒ wèn sān nián zhī sāng qī yǐ jiǔ yǐ jūn zǐ
宰我问：“三年之丧，期已久矣。君子
sān nián bù wéi lǐ lǐ bì huài sān nián bù wéi yuè yuè bì
三年不为礼，礼必坏；三年不为乐，乐必
bēng jiù gǔ jì mò xīn gǔ jì shēng zuān suì gǎi huǒ jī kě
崩。旧穀既没，新穀既升，钻燧改火，期可
yǐ yǐ zǐ yuē shí fú dào yì fú jǐn yú rǔ ān
已矣。”子曰：“食夫稻，衣夫锦，于女安
hū
乎？”

yuē ān
曰：“安。”

rǔ ān zé wéi zhī fú jūn zǐ zhī jū sāng shí zhǐ bù
“女安则为之！夫君子之居丧，食旨不
gān wén yuè bú lè jū chù bù ān gù bù wéi yě jīn rǔ
甘，闻乐不乐，居处不安，故不为也。今女
ān zé wéi zhī zǎi wǒ chū zǐ yuē yú zhī bù rén
安，则为之！”宰我出。子曰：“予之不仁
yě zǐ shēng sān nián rán hòu miǎn yú fù mǔ zhī huái fú sān nián
也！子生三年，然后免于父母之怀。夫三年
zhī sāng tiān xià zhī tōng sāng yě yú yě yǒu sān nián zhī ài yú qí
之丧，天下之通丧也。予也有三年之爱于其
fù mǔ hū
父母乎？”

zǐ yuē bǎo shí zhōng rì wú suǒ yòng xīn nán yǐ
子曰：“饱食终日，无所用心，难矣
zāi bù yǒu bó yì zhě hū wéi zhī yóu xián hū yǐ
哉！不有博弈者乎，为之犹贤乎已。”

zi lù yuē jūn zǐ shàng yǒng hū zǐ yuē jūn zǐ
子路曰：“君子尚勇乎？”子曰：“君子

yì yǐ wéi shàng jūn zǐ yǒu yǒng ér wú yì wéi luàn xiǎo rén yǒu yǒng
义以为上。君子有勇而无义为乱，小人有勇
ér wú yì wéi dào
而无义为盗。”

zǐ gòng yuē jūn zǐ yì yǒu wù hū zǐ yuē yǒu
子贡曰：“君子亦有恶乎？”子曰：“有
wù wù chēng rén zhī è zhě wù jū xià liú ér shàn shàng zhě
恶：恶称人之恶者，恶居下流而讪上者，
wù yǒng ér wú lǐ zhě wù guǒ gǎn ér zhì zhě
恶勇而无礼者，恶果敢而窒者。”

yuē cì yě yì yǒu wù hū wù jiǎo yǐ wéi zhì
曰：“赐也亦有恶乎？”“恶徼以为知
zhě wù bú xùn yǐ wéi yǒng zhě wù jié yǐ wéi zhí zhě
者，恶不孙以为勇者，恶讦以为直者。”

zǐ yuē wéi nǚ zǐ yǔ xiǎo rén wéi nán yǎng yě jìn zhī
子曰：“唯女子与小人为难养也，近之
zé bú xùn yuǎn zhī zé yuàn
则不孙，远之则怨。”

zǐ yuē nián sì shí ér jiàn wù yān qí zhōng yě yǐ
子曰：“年四十而见恶焉，其终也已。”

wēi zǐ dì shí bā

微子第十八

wēi zǐ qù zhī jī zǐ wéi zhī nú bǐ gān jiàn ér sǐ
微子去之，箕子为之奴，比干谏而死。
kǒng zǐ yuē yīn yǒu sān rén yān
孔子曰：“殷有三仁焉。”

liǔ xià huì wéi shì shī sān chù rén yuē zǐ wèi kě
柳下惠为士师，三黜。人曰：“子未可
yǐ qù hū yuē zhí dào ér shì rén yān wǎng ér bù sān
以去乎？”曰：“直道而事人，焉往而不三
chù wǎng dào ér shì rén hé bì qù fù mǔ zhī bāng
黜？枉道而事人，何必去父母之邦。”

qí jǐng gōng dài kǒng zǐ yuē ruò jì shì zé wú bù
齐景公待孔子曰：“若季氏，则吾不
néng yǐ jì mèng zhī jiān dài zhī yuē wú lǎo yǐ bù
能；以季孟之间待之。”曰：“吾老矣，不
néng yòng yě kǒng zǐ xíng
能用也。”孔子行。

qí rén kuì nǚ yuè jì huán zǐ shòu zhī sān rì bù cháo
齐人归女乐，季桓子受之，三日不朝，
kǒng zǐ xíng
孔子行。

chǔ kuáng jiē yú gē ér guò kǒng zǐ yuē fèng xī fèng
楚狂接舆歌而过孔子曰：“凤兮！凤
xī hé dé zhī shuāi wǎng zhě bù kě jiàn lái zhě yóu kě zhuī
兮！何德之衰？往者不可谏，来者犹可追。
yǐ ér yǐ ér jīn zhī cóng zhèng zhě dài ér
已而，已而！今之从政者殆而！”

kǒng zǐ xià yù yǔ zhī yán qū ér bì zhī bù dé yǔ
孔子下，欲与之言。趋而辟之，不得与
zhī yán
之言。

cháng jǔ jié nì ǒu ér gēng kǒng zǐ guò zhī shǐ zǐ lù
长沮、桀溺耦而耕，孔子过之，使子路
wèn jīn yān
问津焉。

cháng jǔ yuē fú zhí yú zhě wéi shuí zǐ lù yuē
长沮曰：“夫执舆者为谁？”子路曰：
wéi kǒng qiū
“为孔丘。”

yuē shì lǔ kǒng qiū yú yuē shì yě
曰：“是鲁孔丘与？”曰：“是也。”

yuē shì zhī jīn yǐ
曰：“是知津矣。”

wèn yú jié nì jié nì yuē zǐ wéi shuí yuē
问于桀溺，桀溺曰：“子为谁？”曰：

wéi zhòng yóu
“为仲由。”

yuē shì lǔ kǒng qiū zhī tú yú duì yuē
曰：“是鲁孔丘之徒与？”对曰：

rán
“然。”

yuē tāo tāo zhě tiān xià jiē shì yě ér shuí yǐ yì zhī
曰：“滔滔者天下皆是也，而谁以易之？

qiě ér yǔ qí cóng bì rén zhī shì yě qǐ ruò cóng bì shì zhī shì
且而与其从辟人之士也，岂若从辟世之士

zāi yōu ér bú chuò
哉？”耰而不辍。

zi lù xíng yǐ gào fū zǐ wǔ rán yuē niǎo shòu bù kě yǔ
子路行以告。夫子怃然曰：“鸟兽不可与

tóng qún wú fēi sī rén zhī tú yǔ ér shuí yǔ tiān xià yǒu dào
同群，吾非斯人之徒与而谁与？天下有道，

qiū bù yǔ yì yě
丘不与易也。”

zǐ lù cóng ér hòu yù zhàng rén yǐ zhàng hè diào
子路从而后，遇丈人，以杖荷蓧。

zǐ lù wèn yuē zǐ jiàn fū zǐ hū
子路问曰：“子见夫子乎？”

zhàng rén yuē sì tǐ bù qín wǔ gǔ bù fēn shú wéi
丈人曰：“四体不勤，五谷不分。孰为

fū zǐ zhí qí zhàng ér yún
夫子？”植其杖而芸。

zǐ lù gǒng ér lì
子路拱而立。

zhǐ zǐ lù sù shā jī wéi shǔ ér sì zhī jiàn qí èr zǐ
止子路宿，杀鸡为黍而食之，见其二子

yān míng rì zǐ lù xíng yǐ gào
焉。明日，子路行以告。

zǐ yuē yǐn zhě yě shǐ zǐ lù fǎn jiàn zhī zhì
子曰：“隐者也。”使子路反见之。至，

zé xíng yǐ
则行矣。

zǐ lù yuē bú shì wú yì zhǎng yòu zhī jié bù kě fèi
子路曰：“不仕无义。长幼之节，不可废
yě jūn chén zhī yì rú zhī hé qí fèi zhī yù jié qí shēn
也；君臣之义，如之何其废之？欲洁其身，
ér luàn dà lún jūn zǐ zhī shì yě xíng qí yì yě dào zhī bù
而乱大伦。君子之仕也，行其义也。道之不
xíng yǐ zhī zhī yǐ
行，已知之矣。”

yì mín bó yí shū qí yú zhòng yí yì zhū
逸民：伯夷、叔齐、虞仲、夷逸、朱
zhāng liǔ xià huì shào lián zǐ yuē bú jiàng qí zhì bù
张、柳下惠、少连。子曰：“不降其志，不
rǔ qí shēn bó yí shū qí yú wèi liǔ xià huì
辱其身，伯夷、叔齐与！”谓：“柳下惠、
shào lián jiàng zhì rǔ shēn yǐ yán zhòng lún xíng zhòng lǜ qí
少连，降志辱身矣，言中伦，行中虑，其
sī ér yǐ yǐ wèi yú zhòng yí yì yǐn jū fàng yán
斯而已矣。”谓：“虞仲、夷逸，隐居放言。
shēn zhòng qīng fèi zhòng quán wǒ zé yì yú shì wú kě wú bù
身中清，废中权。我则异于是，无可无不
kě
可。”

tài shī zhì shì qí yà fàn gān shì chǔ sān fàn liáo shì
大师挚适齐，亚饭干适楚，三饭缭适
cài sì fàn quē shì qín gǔ fāng shū rù yú hé bō táo wǔ rù
蔡，四饭缺适秦。鼓方叔入于河，播鼗武入
yú hàn shào shī yáng jī qìng xiāng rù yú hǎi
于汉，少师阳、击磬襄入于海。

zhōu gōng wèi lǔ gōng yuē jūn zǐ bù chí chí qí
周公谓鲁公曰：“君子不施（驰）其
qīn bù shǐ dà chén yuàn hū bù yǐ gù jiù wú dà gù zé bú
亲，不使大臣怨乎不以。故旧无大故，则不

qì yě wú qiú bèi yú yì rén
弃也。无求备于一人。”

zhōu yǒu bā shì bó dá bó kuò zhòng tū zhòng hū
周有八士：伯达、伯适、仲突、仲忽、
shū yè shū xià jì suí jì guā
叔夜、叔夏、季随、季騧。

zi zhāng dì shí jiǔ
子张第十九

zǐ zhāng yuē shì jiàn wēi zhì mìng jiàn dé sī yì jì
子张曰：“士见危致命，见得思义，祭
sī jìng sāng sī āi qí kě yǐ yǐ
思敬，丧思哀，其可已矣。”

zǐ zhāng yuē zhí dé bù hóng xìn dào bù dǔ yān néng
子张曰：“执德不弘，信道不笃，焉能
wéi yǒu yān néng wéi wú
为有？焉能为亡？”

zǐ xià zhī mén rén wèn jiāo yú zǐ zhāng zǐ zhāng yuē zǐ
子夏之门人问交于子张。子张曰：“子
xià yún hé
夏云何？”

duì yuē zǐ xià yuē kě zhě yǔ zhī qí bù kě zhě
对曰：“子夏曰：‘可者与之，其不可者
jù zhī
拒之。’”

zǐ zhāng yuē yì hū wú suǒ wén jūn zǐ zūn xián ér róng
子张曰：“异乎吾所闻：君子尊贤而容
zhòng jiā shàn ér jīn bù néng wǒ zhī dà xián yú yú rén hé suǒ
众，嘉善而矜不能。我之大贤与，于人何所
bù róng wǒ zhī bù xián yú rén jiāng jù wǒ rú zhī hé qí jù
不容？我之不贤与，人将拒我，如之何其拒
rén yě
人也？”

zǐ xià yuē suī xiǎo dào bì yǒu kě guān zhě yān zhì
子夏曰："虽小道，必有可观者焉；致
yuǎn kǒng nì shì yǐ jūn zǐ bù wéi yě
远恐泥，是以君子不为也。"

zǐ xià yuē rì zhī qí suǒ wú yuè wú wàng qí suǒ
子夏曰："日知其所亡，月无忘其所
néng kě wèi hào xué yě yǐ yǐ
能，可谓好学也已矣。"

zǐ xià yuē bó xué ér dǔ zhì qiè wèn ér jìn sī rén
子夏曰："博学而笃志，切问而近思，仁
zài qí zhōng yǐ
在其中矣。"

zǐ xià yuē bǎi gōng jū sì yǐ chéng qí shì jūn zǐ xué
子夏曰："百工居肆以成其事，君子学
yǐ zhì qí dào
以致其道。"

zǐ xià yuē xiǎo rén zhī guò yě bì wén
子夏曰："小人之过也必文。"

zǐ xià yuē jūn zǐ yǒu sān biàn wàng zhī yǎn rán jí zhī
子夏曰："君子有三变：望之俨然，即之
yě wēn tīng qí yán yě lì
也温，听其言也厉。"

zǐ xià yuē jūn zǐ xìn ér hòu láo qí mín wèi xìn zé
子夏曰："君子信而后劳其民；未信，则
yǐ wéi lì jǐ yě xìn ér hòu jiàn wèi xìn zé yǐ wéi bàng jǐ
以为厉己也。信而后谏，未信，则以为谤己
yě
也。"

zǐ xià yuē dà dé bù yú xián xiǎo dé chū rù kě
子夏曰："大德不逾闲，小德出入可
yě
也。"

zǐ yóu yuē zǐ xià zhī mén rén xiǎo zǐ dāng sǎ sǎo yìng
子游曰："子夏之门人小子，当洒扫应

duì jìn tuì zé kě yǐ yì mò yě běn zhī zé wú rú zhī hé
对进退，则可矣，抑末也。本之则无，如之何？”

zǐ xià wén zhī yuē yī yán yóu guò yǐ jūn zǐ zhī dào shú xiān chuán yān shú hòu juàn yān pì zhū cǎo mù qū yǐ bié yǐ jūn zǐ zhī dào yān kě wū yě yǒu shǐ yǒu zú zhě qí wéi shèng rén hū
子夏闻之曰：“噫！言游过矣！君子之道，孰先传焉？孰后倦焉？譬诸草木，区以别矣。君子之道，焉可诬也？有始有卒者，其惟圣人乎！”

zǐ xià yuē shì ér yōu zé xué xué ér yōu zé shì
子夏曰：“仕而优则学，学而优则仕。”

zǐ yóu yuē sāng zhì hū āi ér zhǐ
子游曰：“丧致乎哀而止。”

zǐ yóu yuē wú yǒu zhāng yě wéi nán néng yě rán ér wèi rén
子游曰：“吾友张也，为难能也。然而未仁。”

zēng zǐ yuē táng táng hū zhāng yě nán yǔ bìng wéi rén yǐ
曾子曰：“堂堂乎张也，难与并为仁矣。”

zēng zǐ yuē wú wén zhū fū zǐ rén wèi yǒu zì zhì zhě yě bì yě qīn sāng hū
曾子曰：“吾闻诸夫子：人未有自致者也，必也亲丧乎！”

zēng zǐ yuē wú wén zhū fū zǐ mèng zhuāng zǐ zhī xiào yě qí tā kě néng yě qí bù gǎi fù zhī chén yǔ fù zhī zhèng shì nán néng yě
曾子曰：“吾闻诸夫子：孟庄子之孝也，其他可能也；其不改父之臣与父之政，是难能也。”

孟氏使阳肤为士师，问于曾子。曾子曰：“上失其道，民散久矣。如得其情，则哀矜而勿喜。”

子贡曰：“纣之不善，不如是之甚也。是以君子恶居下流，天下之恶皆归焉。”

子贡曰：“君子之过也，如日月之食焉：过也，人皆见之；更也，人皆仰之。”

卫公孙朝问于子贡曰：“仲尼焉学？”子贡曰：“文武之道，未坠于地，在人。贤者识其大者，不贤者识其小者，莫不有文武之道焉。夫子焉不学？而亦何常师之有？”

叔孙武叔语大夫于朝，曰：“子贡贤于仲尼。”

子服景伯以告子贡。

子贡曰：“譬之宫墙，赐之墙也及肩，窥见室家之好。夫子之墙数仞，不得其门而入，不见宗庙之美，百官之富。得其门者或

guǎ yǐ fū zǐ zhī yún bú yì yí hū
寡矣。夫子之云，不亦宜乎！”

shū sūn wǔ shū huǐ zhòng ní zǐ gòng yuē wú yǐ wéi
叔孙武叔毁仲尼。子贡曰：“无以为
yě zhòng ní bù kě huǐ yě tā rén zhī xián zhě qiū líng yě
也，仲尼不可毁也。他人之贤者，丘陵也，
yóu kě yú yě zhòng ní rì yuè yě wú dé ér yú yān rén
犹可逾也；仲尼，日月也，无得而逾焉。人
suī yù zì jué qí hé shāng yú rì yuè hū duō jiàn qí bù zhī liàng
虽欲自绝，其何伤于日月乎？多见其不知量
yě
也！”

chén zǐ qín wèi zǐ gòng yuē zǐ wéi gōng yě zhòng ní qǐ
陈子禽谓子贡曰：“子为恭也，仲尼岂
xián yú zǐ hū
贤于子乎？”

zǐ gòng yuē jūn zǐ yì yán yǐ wéi zhī yì yán yǐ wéi
子贡曰：“君子一言以为知，一言以为
bù zhī yán bù kě bú shèn yě fū zǐ zhī bù kě jí yě yóu
不知，言不可不慎也。夫子之不可及也，犹
tiān zhī bù kě jiē ér shēng yě fū zǐ zhī dé bāng jiā zhě suǒ
天之不可阶而升也。夫子之得邦家者，所
wèi lì zhī sī lì dǎo zhī sī xíng suí zhī sī lái dòng zhī sī
谓立之斯立，道之斯行，绥之斯来，动之斯
hé qí shēng yě róng qí sǐ yě āi rú zhī hé qí kě jí
和。其生也荣，其死也哀，如之何其可及
yě
也。”

yáo yuē dì èr shí
尧曰第二十

yáo yuē zī ěr shùn tiān zhī lì shù zài ěr gōng yǔn
尧曰：“咨！尔舜！天之历数在尔躬。允

zhí qí zhōng sì hǎi kùn qióng tiān lù yǒng zhōng
执其中。四海困穷，天禄永终。”

shùn yì yǐ mìng yǔ
舜亦以命禹。

yuē yú xiǎo zǐ lǚ gǎn yòng xuán mǔ gǎn zhāo gào yú huáng
曰：“予小子履敢用玄牡，敢昭告于皇
huáng hòu dì yǒu zuì bù gǎn shè dì chén bú bì jiǎn zài dì
皇后帝：有罪不敢赦。帝臣不蔽，简在帝
xīn zhèn gōng yǒu zuì wú yǐ wàn fāng wàn fāng yǒu zuì zuì zài
心。朕躬有罪，无以万方；万方有罪，罪在
zhèn gōng
朕躬。”

zhōu yǒu dà lài shàn rén shì fù suī yǒu zhōu qīn bù
周有大赉，善人是富。“虽有周亲，不
rú rén rén bǎi xìng yǒu guò zài yú yì rén
如仁人。百姓有过，在予一人。”

jǐn quán liàng shěn fǎ dù xiū fèi guān sì fāng zhī zhèng xíng
谨权量，审法度，修废官，四方之政行
yān xīng miè guó jì jué shì jǔ yì mín tiān xià zhī mín guī
焉。兴灭国，继绝世，举逸民，天下之民归
xīn yān
心焉。

suǒ zhòng mín shí sāng jì
所重：民、食、丧、祭。

kuān zé dé zhòng xìn zé mín rèn yān mǐn zé yǒu gōng gōng
宽则得众，信则民任焉，敏则有功，公
zé yuè
则说。

zǐ zhāng wèn yú kǒng zǐ yuē hé rú sī kě yǐ cóng zhèng
子张问于孔子曰：“何如斯可以从政
yǐ
矣？”

zǐ yuē zūn wǔ měi bǐng sì è sī kě yǐ cóng zhèng
子曰：“尊五美，屏四恶，斯可以从政

矣。”

子张曰：“何谓五美？”

子曰：“君子惠而不费，劳而不怨，欲而不贪，泰而不骄，威而不猛。”

子张曰：“何谓惠而不费？”

子曰：“因民之所利而利之，斯不亦惠而不费乎？择可劳而劳之，又谁怨？欲仁而得仁，又焉贪？君子无众寡，无小大，无敢慢，斯不亦泰而不骄乎？君子正其衣冠，尊其瞻视，俨然人望而畏之，斯不亦威而不猛乎？”

子张曰：“何谓四恶？”子曰：“不教而杀谓之虐；不戒视成谓之暴；慢令致期谓之贼；犹之与人也，出纳之吝谓之有司。”

子曰：“不知命，无以为君子也。不知礼，无以立也。不知言，无以知人也。”

dào dé jīng

道德经

又称《老子》，《道德真经》《五千言》《老子五千文》，是中国古代先秦诸子百家前的一部著作，为其时诸子所共仰，传说是春秋时期的老子李耳所撰写，是道家哲学思想的重要来源。道德经分上下两篇，原文上篇《德经》、下篇《道经》，不分章，后改为《道经》37章在前，第38章之后为《德经》，并分为81章。是中国历史上首部完整的哲学著作。

dào jīng dì yī zhāng

道经·第一章

dào kě dào fēi cháng dào míng kě míng fēi cháng míng wú míng tiān dì zhī shǐ yǒu míng wàn wù zhī mǔ gù cháng wú yù yǐ guān qí miào cháng yǒu yù yǐ guān qí jiào cǐ liǎng zhě tóng chū ér yì míng tóng wèi zhī xuán xuán zhī yòu xuán zhòng miào zhī mén

道可道，非常道；名可名，非常名。无，名天地之始；有，名万物之母。故常无，欲以观其妙；常有，欲以观其徼。此两者同出而异名，同谓之玄，玄之又玄，众妙之门。

dào jīng dì èr zhāng

道经·第二章

tiān xià jiē zhī měi zhī wéi měi sī è yǐ jiē zhī shàn

天下皆知美之为美，斯恶已；皆知善

zhī wéi shàn sī bú shàn yǐ gù yǒu wú xiāng shēng nán yì xiāng
之为善，斯不善已。故有无相生，难易相
chéng cháng duǎn xiāng xíng gāo xià xiāng qīng yīn shēng xiāng hè qián
成，长短相形，高下相倾，音声相和，前
hòu xiāng suí shì yǐ shèng rén chǔ wú wéi zhī shì xíng bù yán zhī
后相随。是以圣人处无为之事，行不言之
jiào wàn wù zuò ér fú shǐ shēng ér fú yǒu wéi ér fú shì
教；万物作而弗始，生而弗有，为而弗恃，
gōng chéng ér bù jū fú wéi fú jū shì yǐ bú qù
功成而不居。夫唯弗居，是以不去。

dào jīng dì sān zhāng
道经·第三章

bú shàng xián shǐ mín bù zhēng bú guì nán dé zhī huò
不尚贤，使民不争；不贵难得之货，
shǐ mín bù wéi dào bú xiàn kě yù shǐ mín xīn bú luàn shì yǐ
使民不为盗；不见可欲，使民心不乱。是以
shèng rén zhī zhì xū qí xīn shí qí fù ruò qí zhì qiáng qí
圣人之治，虚其心，实其腹，弱其志，强其
gǔ cháng shǐ mín wú zhī wú yù shǐ fú zhì zhě bù gǎn wéi yě
骨。常使民无知无欲。使夫智者不敢为也。
wéi wú wéi zé wú bú zhì
为无为，则无不治。

dào jīng dì sì zhāng
道经·第四章

dào chōng ér yòng zhī huò bù yíng yuān xī sì wàn wù zhī zōng
道冲而用之或不盈。渊兮似万物之宗；
cuò qí ruì jiě qí fēn hé qí guāng tóng qí chén zhàn xī sì
挫其锐，解其纷，和其光，同其尘，湛兮似
huò cún wú bù zhī shuí zhī zǐ xiàng dì zhī xiān
或存。吾不知谁之子，象帝之先。

dào jīng dì wǔ zhāng

道经·第五章

tiān dì bù rén yǐ wàn wù wéi chú gǒu shèng rén bù rén
天地不仁，以万物为刍狗；圣人不仁，
yǐ bǎi xìng wéi chú gǒu tiān dì zhī jiān qí yóu tuó yuè hū xū
以百姓为刍狗。天地之间，其犹橐籥乎？虚
ér bù jué dòng ér yù chū duō yán shuò qióng bù rú shǒu zhōng
而不屈，动而愈出。多言数穷，不如守中。

dào jīng dì liù zhāng

道经·第六章

gǔ shén bù sǐ shì wèi xuán pìn xuán pìn zhī mén shì wèi
谷神不死，是谓玄牝。玄牝之门，是谓
tiān dì gēn mián mián ruò cún yòng zhī bù qín
天地根。绵绵若存，用之不勤。

dào jīng dì qī zhāng

道经·第七章

tiān cháng dì jiǔ tiān dì suǒ yǐ néng cháng qiě jiǔ zhě yǐ
天长地久。天地所以能长且久者，以
qí bú zì shēng gù néng cháng shēng shì yǐ shèng rén hòu qí shēn ér
其不自生，故能长生。是以圣人后其身而
shēn xiān wài qí shēn ér shēn cún fēi yǐ qí wú sī yé gù néng
身先；外其身而身存。非以其无私邪？故能
chéng qí sī
成其私。

dào jīng dì bā zhāng

道经·第八章

shàng shàn ruò shuǐ shuǐ shàn lì wàn wù ér bù zhēng chǔ zhòng
上善若水。水善利万物而不争，处众

rén zhī suǒ wù gù jī yú dào jū shàn dì xīn shàn yuān yǔ
人之所恶，故几于道。居善地，心善渊，与
shàn rén yán shàn xìn zhèng shàn zhì shì shàn néng dòng shàn shí
善仁，言善信，政善治，事善能，动善时。
fú wéi bù zhēng gù wú yóu
夫唯不争，故无尤。

dào jīng dì jiǔ zhāng
道经·第九章

chí ér yíng zhī bù rú qí yǐ chuǎi ér ruì zhī bù kě
持而盈之，不如其已。揣而锐之，不可
cháng bǎo jīn yù mǎn táng mò zhī néng shǒu fù guì ér jiāo
长保。金玉满堂，莫之能守。富贵而骄，
zì yí qí jiù gōng chéng shēn tuì tiān zhī dào yě
自遗其咎。功成身退，天之道也。

dào jīng dì shí zhāng
道经·第十章

zài yíng pò bào yī néng wú lí hū zhuān qì zhì róu néng
载营魄抱一，能无离乎？专气致柔，能
rú yīng ér hū dí chú xuán lǎn néng wú cī hū ài mín zhì
如婴儿乎？涤除玄览，能无疵乎？爱民治
guó néng wú wéi hū tiān mén kāi hé néng wéi cí hū míng bái
国，能无为乎？天门开阖，能为雌乎？明白
sì dá néng wú zhì hū shēng zhī xù zhī shēng ér bù yǒu
四达，能无知乎？生之，畜之。生而不有，
wéi ér bú shì zhǎng ér bù zǎi shì wèi xuán dé
为而不恃，长而不宰，是谓玄德。

dào jīng dì shí yī zhāng

道经·第十一章

sān shí fú gòng yì gǔ dāng qí wú yǒu chē zhī yòng

三十辐，共一毂，当其无，有车之用。

shān zhí yǐ wéi qì dāng qí wú yǒu qì zhī yòng záo hù yǒu yǐ

埏埴以为器，当其无，有器之用。凿户牖以

wéi shì dāng qí wú yǒu shì zhī yòng gù yǒu zhī yǐ wéi lì

为室，当其无，有室之用。故有之以为利，

wú zhī yǐ wéi yòng

无之以为用。

dào jīng dì shí èr zhāng

道经·第十二章

wǔ sè lìng rén mù máng wǔ yīn lìng rén ěr lóng wǔ wèi lìng

五色令人目盲，五音令人耳聋，五味令

rén kǒu shuǎng chí chěng tián liè lìng rén xīn fā kuáng nán dé zhī huò

人口爽，驰骋畋猎令人心发狂，难得之货

lìng rén xíng fáng shì yǐ shèng rén wèi fù bú wèi mù gù qù bǐ qǔ

令人行妨。是以圣人为腹不为目，故去彼取

cǐ

此。

dào jīng dì shí sān zhāng

道经·第十三章

chǒng rǔ ruò jīng guì dà huàn ruò shēn hé wèi chǒng rǔ ruò

宠辱若惊，贵大患若身。何谓宠辱若

jīng chǒng wéi xià dé zhī ruò jīng shī zhī ruò jīng shì wèi

惊？宠为下，得之若惊，失之若惊，是谓

chǒng rǔ ruò jīng hé wèi guì dà huàn ruò shēn wú suǒ yǐ yǒu dà

宠辱若惊。何谓贵大患若身？吾所以有大

huàn zhě wèi wú yǒu shēn jí wú wú shēn wú yǒu hé huàn gù

患者，为吾有身，及吾无身，吾有何患？故

guì yǐ shēn wèi tiān xià zhě　ruò kě jì tiān xià　ài yǐ shēn wèi tiān
贵以身为天下者，若可寄天下；爱以身为天
xià zhě　ruò kě tuō tiān xià
下者，若可托天下。

dào jīng　dì shí sì zhāng

道经·第十四章

shì zhī bú jiàn míng yuē yí　tīng zhī bù wén míng yuē xī　bó
视之不见名曰夷，听之不闻名曰希，搏
zhī bù dé míng yuē wēi　cǐ sān zhě　bù kě zhì jié　gù hùn ér
之不得名曰微。此三者，不可致诘，故混而
wéi yī　qí shàng bù jiǎo　qí xià bú mèi　mǐn mǐn xī bù kě
为一。其上不皦，其下不昧，绳绳兮不可
míng　fù guī yú wú wù　shì wèi wú zhuàng zhī zhuàng　wú xiàng zhī
名，复归于无物。是谓无状之状，无象之
xiàng　shì wèi hū huǎng　yíng zhī bú jiàn qí shǒu　suí zhī bú jiàn qí
象，是谓惚恍。迎之不见其首，随之不见其
hòu　zhí gǔ zhī dào　yǐ yù jīn zhī yǒu　néng zhī gǔ shǐ　shì
后。执古之道，以御今之有。能知古始，是
wèi dào jì
谓道纪。

dào jīng　dì shí wǔ zhāng

道经·第十五章

gǔ zhī shàn wéi shì zhě　wēi miào xuán tōng　shēn bù kě shí
古之善为士者，微妙玄通，深不可识。
fú wéi bù kě shí　gù qiǎng wèi zhī róng　yù xī ruò dōng shè
夫唯不可识，故强为之容：豫兮若冬涉
chuān　yóu xī ruò wèi sì lín　yǎn xī qí ruò kè　huàn xī qí ruò
川；犹兮若畏四邻；俨兮其若客；涣兮其若
líng shì　dūn xī qí ruò pǔ　kuàng xī qí ruò gǔ　hún xī qí ruò
凌释；敦兮其若朴；旷兮其若谷；混兮其若

zhuó shú néng zhuó yǐ jìng zhī xú qīng shú néng ān yǐ dòng zhī xú
浊。孰能浊以静之徐清？孰能安以动之徐
shēng bǎo cǐ dào zhě bú yù yíng fú wéi bù yíng gù néng bì
生？保此道者，不欲盈。夫唯不盈，故能蔽
ér xīn chéng
而新成。

dào jīng dì shí liù zhāng
道经·第十六章

zhì xū jí shǒu jìng dǔ wàn wù bìng zuò wú yǐ guān
致虚极，守静笃。万物并作，吾以观
fù fú wù yún yún gè fù guī qí gēn guī gēn yuē jìng jìng
复。夫物芸芸，各复归其根。归根曰静，静
yuē fù mìng fù mìng yuē cháng zhī cháng yuē míng bù zhī cháng
曰复命。复命曰常，知常曰明。不知常，
wàng zuò xiōng zhī cháng róng róng nǎi gōng gōng nǎi quán quán nǎi
妄作凶。知常容，容乃公，公乃全，全乃
tiān tiān nǎi dào dào nǎi jiǔ mò shēn bú dài
天，天乃道，道乃久，没身不殆。

dào jīng dì shí qī zhāng
道经·第十七章

tài shàng bù zhī yǒu zhī qí cì qīn ér yù zhī qí
太上，不知有之；其次，亲而誉之；其
cì wèi zhī qí cì wǔ zhī xìn bù zú yān yǒu bú
次，畏之；其次，侮之。信不足焉，有不
xìn yān yōu xī qí guì yán gōng chéng shì suì bǎi xìng jiē wèi
信焉。悠兮其贵言。功成事遂，百姓皆谓：
wǒ zì rán
“我自然”。

dào jīng dì shí bā zhāng
道经·第十八章

dà dào fèi yǒu rén yì zhì huì chū yǒu dà wěi liù
大道废，有仁义；智慧出，有大伪；六
qīn bù hé yǒu xiào cí guó jiā hūn luàn yǒu zhōng chén
亲不和，有孝慈；国家昏乱，有忠臣。

dào jīng dì shí jiǔ zhāng
道经·第十九章

jué shèng qì zhì mín lì bǎi bèi jué rén qì yì mín fù
绝圣弃智，民利百倍；绝仁弃义，民复
xiào cí jué qiǎo qì lì dào zéi wú yǒu cǐ sān zhě yǐ wéi wén
孝慈；绝巧弃利，盗贼无有。此三者以为文
bù zú gù lìng yǒu suǒ shǔ xiàn sù bào pǔ shǎo sī guǎ yù
不足，故令有所属：见素抱朴，少思寡欲。

dào jīng dì èr shí zhāng
道经·第二十章

jué xué wú yōu wéi zhī yǔ hē xiāng qù jǐ hé shàn zhī
绝学无忧，唯之与阿，相去几何？善之
yǔ è xiāng qù ruò hé rén zhī suǒ wèi bù kě bú wèi huāng
与恶，相去若何？人之所畏，不可不畏。荒
xī qí wèi yāng zāi zhòng rén xī xī rú xiǎng tài láo rú
兮，其未央哉！众人熙熙，如享太牢，如
chūn dēng tái wǒ dú bó xī qí wèi zhào dùn dùn rú yīng ér zhī
春登台。我独泊兮，其未兆，沌沌如婴儿之
wèi hái lěi lěi xī ruò wú suǒ guī zhòng rén jiē yǒu yú ér
未孩；儽儽兮，若无所归。众人皆有余，而
wǒ dú ruò yí wǒ yú rén zhī xīn yě zāi dùn dùn xī sú rén
我独若遗。我愚人之心也哉！沌沌兮！俗人
zhāo zhāo wǒ dú hūn hūn sú rén chá chá wǒ dú mèn mèn dàn
昭昭，我独昏昏。俗人察察，我独闷闷。澹

xī qí ruò hǎi liú xī ruò wú zhǐ zhòng rén jiē yǒu yǐ ér wǒ
兮其若海，飂兮若无止。众人皆有以，而我
dú wán qiě bǐ wǒ dú yì yú rén ér guì shí mǔ
独顽且鄙。我独异于人，而贵食母。

dào jīng dì èr shí yī zhāng
道经·第二十一章

kǒng dé zhī róng wéi dào shì cóng dào zhī wéi wù wéi huǎng
孔德之容，惟道是从。道之为物，惟恍
wéi hū hū xī huǎng xī qí zhōng yǒu xiàng huǎng xī hū xī
惟惚。惚兮恍兮，其中有象；恍兮惚兮，
qí zhōng yǒu wù yǎo xī míng xī qí zhōng yǒu jīng qí jīng shèn
其中有物。窈兮冥兮，其中有精；其精甚
zhēn qí zhōng yǒu xìn zì jīn jí gǔ qí míng bú qù yǐ
真，其中有信。自今及古，其名不去，以
yuè zhòng fǔ wú hé yǐ zhī zhòng fǔ zhī zhuàng zāi yǐ cǐ
阅众甫。吾何以知众甫之状哉？以此。

dào jīng dì èr shí èr zhāng
道经·第二十二章

qū zé quán wǎng zé zhí wā zé yíng bì zé xīn shǎo
曲则全，枉则直，洼则盈，敝则新，少
zé dé duō zé huò shì yǐ shèng rén bào yī wéi tiān xià shì bú
则得，多则惑。是以圣人抱一为天下式。不
zì xiàn gù míng bú zì shì gù zhāng bú zì fá gù yǒu
自见，故明；不自是，故彰；不自伐，故有
gōng bú zì jīn gù cháng fú wéi bù zhēng gù tiān xià mò néng
功；不自矜，故长。夫唯不争，故天下莫能
yǔ zhī zhēng gǔ zhī suǒ wèi qū zé quán zhě qǐ xū yán zāi chéng
与之争。古之所谓曲则全者，岂虚言哉！诚
quán ér guī zhī
全而归之。

dào jīng dì èr shí sān zhāng

道经·第二十三章

xī yán zì rán gù piāo fēng bù zhōng zhāo zhòu yǔ bù zhōng
希言自然。故飘风不终朝，骤雨不终
rì shú wéi cǐ zhě tiān dì tiān dì shàng bù néng jiǔ ér
日。孰为此者？天地。天地尚不能久，而
kuàng yú rén hū gù cóng shì yú dào zhě tóng yú dào dé
况于人乎？故从事于道者，同于道；德
zhě tóng yú dé shī zhě tóng yú shī tóng yú dào zhě dào
者，同于德；失者，同于失。同于道者，道
yì lè dé zhī tóng yú dé zhě dé yì lè dé zhī tóng yú shī
亦乐得之；同于德者，德亦乐得之；同于失
zhě shī yì lè dé zhī xìn bù zú yān yǒu bú xìn yān
者，失亦乐得之。信不足焉，有不信焉。

dào jīng dì èr shí sì zhāng

道经·第二十四章

qǐ zhě bú lì kuà zhě bù xíng zì xiàn zhě bù míng zì
企者不立；跨者不行；自见者不明；自
shì zhě bù zhāng zì fá zhě wú gōng zì jīn zhě bù zhǎng qí zài
是者不彰；自伐者无功；自矜者不长。其在
dào yě yuē yú shí zhuì xíng wù huò wù zhī gù yǒu dào zhě
道也，曰：余食赘形。物或恶之，故有道者
bù chǔ
不处。

dào jīng dì èr shí wǔ zhāng

道经·第二十五章

yǒu wù hùn chéng xiān tiān dì shēng jì xī liáo xī dú lì
有物混成，先天地生。寂兮寥兮，独立
ér bù gǎi zhōu xíng ér bú dài kě yǐ wéi tiān dì mǔ wú bù
而不改，周行而不殆，可以为天地母。吾不

zhī qí míng qiǎng zì zhī yuē dào qiǎng wéi zhī míng yuē dà dà
知其名，强字之曰道，强为之名曰大。大
yuē shì shì yuē yuǎn yuǎn yuē fǎn gù dào dà tiān dà dì
曰逝，逝曰远，远曰反。故道大，天大，地
dà rén yì dà yù zhōng yǒu sì dà ér rén jū qí yī yān
大，人亦大。域中有四大，而人居其一焉。
rén fǎ dì dì fǎ tiān tiān fǎ dào dào fǎ zì rán
人法地，地法天，天法道，道法自然。

dào jīng dì èr shí liù zhāng
道经·第二十六章

zhòng wéi qīng gēn jìng wéi zào jūn shì yǐ jūn zǐ zhōng rì
重为轻根，静为躁君。是以君子终日
xíng bù lí zī zhòng suī yǒu róng guān yàn chǔ chāo rán nài hé wàn
行不离辎重。虽有荣观，燕处超然。奈何万
shèng zhī zhǔ ér yǐ shēn qīng tiān xià qīng zé shī gēn zào zé shī
乘之主，而以身轻天下？轻则失根，躁则失
jūn
君。

dào jīng dì èr shí qī zhāng
道经·第二十七章

shàn xíng wú zhé jì shàn yán wú xiá zhé shàn shǔ bú yòng chóu
善行无辙迹；善言无瑕谪；善数不用筹
cè shàn bì wú guān jiàn ér bù kě kāi shàn jié wú shéng yuē ér
策；善闭无关楗而不可开；善结无绳约而
bù kě jiě shì yǐ shèng rén cháng shàn jiù rén gù wú qì rén
不可解。是以圣人常善救人，故无弃人；
cháng shàn jiù wù gù wú qì wù shì wèi xí míng gù shàn rén
常善救物，故无弃物。是谓袭明。故善人
zhě bú shàn rén zhī shī bú shàn rén zhě shàn rén zhī zī bú
者，不善人之师；不善人者，善人之资。不

guì qí shī bú ài qí zī suī zhì dà mí shì wèi yào miào
贵其师，不爱其资，虽智大迷，是谓要妙。

dào jīng dì èr shí bā zhāng
道经·第二十八章

zhī qí xióng shǒu qí cí wéi tiān xià xī wéi tiān xià
知其雄，守其雌，为天下溪。为天下
xī cháng dé bù lí fù guī yú yīng ér zhī qí bái shǒu qí
溪，常德不离，复归于婴儿。知其白，守其
hēi wéi tiān xià shì wéi tiān xià shì cháng dé bú tè fù guī
黑，为天下式。为天下式，常德不忒，复归
yú wú jí zhī qí róng shǒu qí rǔ wéi tiān xià yù wéi tiān
于无极。知其荣，守其辱，为天下谷。为天
xià yù cháng dé nǎi zú fù guī yú pǔ pǔ sàn zé wéi qì
下谷，常德乃足，复归于朴。朴散则为器，
shèng rén yòng zhī zé wéi guān zhǎng gù dà zhì bù gē
圣人用之，则为官长，故大智不割。

dào jīng dì èr shí jiǔ zhāng
道经·第二十九章

jiāng yù qǔ tiān xià ér wéi zhī wú jiàn qí bù dé yǐ tiān
将欲取天下而为之，吾见其不得已。天
xià shén qì bù kě wéi yě bù kě zhí yě wéi zhě bài zhī
下神器，不可为也，不可执也。为者败之，
zhí zhě shī zhī fú wù huò xíng huò suí huò xū huò chuī huò qiáng
执者失之。夫物或行或随；或歔或吹；或强
huò léi huò zài huò huī shì yǐ shèng rén qù shèn qù shē qù
或羸；或载或隳。是以圣人去甚，去奢，去
tài
泰。

dào jīng dì sān shí zhāng
道经·第三十章

yǐ dào zuǒ rén zhǔ zhě bù yǐ bīng qiáng tiān xià qí shì hào
以道佐人主者，不以兵强天下。其事好
huán shī zhī suǒ chǔ jīng jí shēng yān dà jūn zhī hòu bì
还。师之所处，荆棘生焉。大军之后，必
yǒu xiōng nián shàn zhě guǒ ér yǐ bù gǎn yǐ qǔ qiáng guǒ ér
有凶年。善者果而已，不敢以取强。果而
wù jīn guǒ ér wù fá guǒ ér wù jiāo guǒ ér bù dé yǐ
勿矜，果而勿伐，果而勿骄。果而不得已，
guǒ ér wù qiáng wù zhuàng zé lǎo shì wèi bú dào bú dào zǎo
果而勿强。物壮则老，是谓不道，不道早
yǐ
已。

dào jīng dì sān shí yī zhāng
道经·第三十一章

fú bīng zhě bù xiáng zhī qì wù huò wù zhī gù yǒu dào
夫兵者，不祥之器，物或恶之，故有道
zhě bù chǔ jūn zǐ jū zé guì zuǒ yòng bīng zé guì yòu bīng zhě
者不处。君子居则贵左，用兵则贵右。兵者
bù xiáng zhī qì fēi jūn zǐ zhī qì bù dé yǐ ér yòng zhī tián
不祥之器，非君子之器，不得已而用之，恬
dàn wéi shàng shèng ér bù měi ér měi zhī zhě shì lè shā rén
淡为上。胜而不美，而美之者，是乐杀人。
fú lè shā rén zhě zé bù kě yǐ dé zhì yú tiān xià yǐ jí shì
夫乐杀人者，则不可以得志于天下矣。吉事
shàng zuǒ xiōng shì shàng yòu piān jiāng jūn jū zuǒ shàng jiāng jūn jū
尚左，凶事尚右。偏将军居左，上将军居
yòu yán yǐ sāng lǐ chǔ zhī shā rén zhī zhòng yǐ bēi āi qì
右，言以丧礼处之。杀人之众，以悲哀泣
zhī zhàn shèng yǐ sāng lǐ chǔ zhī
之，战胜，以丧礼处之。

dào jīng dì sān shí èr zhāng

道经·第三十二章

dào cháng wú míng pǔ suī xiǎo tiān xià mò néng chén hóu
道常无名、朴。虽小，天下莫能臣。侯
wáng ruò néng shǒu zhī wàn wù jiāng zì bīn tiān dì xiāng hé yǐ
王若能守之，万物将自宾。天地相合，以
jiàng gān lù mín mò zhī lìng ér zì jūn shǐ zhì yǒu míng míng yì
降甘露，民莫之令而自均。始制有名，名亦
jì yǒu fú yì jiāng zhī zhǐ zhī zhǐ kě yǐ bú dài pì dào zhī
既有，夫亦将知止，知止可以不殆。譬道之
zài tiān xià yóu chuān gǔ zhī yú jiāng hǎi
在天下，犹川谷之于江海。

dào jīng dì sān shí sān zhāng

道经·第三十三章

zhī rén zhě zhì zì zhī zhě míng shèng rén zhě yǒu lì zì
知人者智，自知者明。胜人者有力，自
shèng zhě qiáng zhī zú zhě fù qiáng xíng zhě yǒu zhì bù shī qí suǒ
胜者强。知足者富。强行者有志。不失其所
zhě jiǔ sǐ ér bù wáng zhě shòu
者久。死而不亡者寿。

dào jīng dì sān shí sì zhāng

道经·第三十四章

dà dào fàn xī qí kě zuǒ yòu wàn wù shì zhī yǐ shēng
大道氾兮，其可左右。万物恃之以生
ér bù cí gōng chéng ér bù yǒu yī yǎng wàn wù ér bù wéi
而不辞，功成而不有。衣养万物而不为
zhǔ cháng wú yù kě míng yú xiǎo wàn wù guī yān ér bù wéi
主，常无欲，可名于小；万物归焉而不为
zhǔ kě míng wéi dà yǐ qí zhōng bú zì wéi dà gù néng chéng
主，可名为大。以其终不自为大，故能成

qí dà
其大。

dào jīng dì sān shí wǔ zhāng
道经·第三十五章

zhí dà xiàng tiān xià wǎng wǎng ér bú hài ān píng tài
执大象，天下往。往而不害，安平太。
yuè yǔ ěr guò kè zhǐ dào zhī chū kǒu dàn hū qí wú wèi
乐与饵，过客止。道之出口，淡乎其无味，
shì zhī bù zú jiàn tīng zhī bù zú wén yòng zhī bù zú jì
视之不足见，听之不足闻，用之不足既。

dào jīng dì sān shí liù zhāng
道经·第三十六章

jiāng yù xī zhī bì gù zhāng zhī jiāng yù ruò zhī bì gù
将欲歙之，必固张之；将欲弱之，必固
qiáng zhī jiāng yù fèi zhī bì gù xīng zhī jiāng yù qǔ zhī bì
强之；将欲废之，必固兴之；将欲取之，必
gù yǔ zhī shì wèi wēi míng róu ruò shèng gāng qiáng yú bù kě
固与之。是谓微明。柔弱胜刚强。鱼不可
tuō yú yuān guó zhī lì qì bù kě yǐ shì rén
脱于渊，国之利器不可以示人。

dào jīng dì sān shí qī zhāng
道经·第三十七章

dào cháng wú wéi ér wú bù wéi hóu wáng ruò néng shǒu zhī
道常无为而无不为。侯王若能守之，
wàn wù jiāng zì huà huà ér yù zuò wú jiāng zhèn zhī yǐ wú míng zhī
万物将自化。化而欲作，吾将镇之以无名之
pǔ wú míng zhī pǔ fú yì jiāng bú yù bú yù yǐ jìng tiān
朴。无名之朴，夫亦将不欲。不欲以静，天

xià jiāng zì dìng
下将自定。

dé jīng dì sān shí bā zhāng
德经·第三十八章

shàng dé bù dé shì yǐ yǒu dé xià dé bù shī dé shì yǐ wú dé shàng dé wú wéi ér wú yǐ wéi xià dé wú wéi ér yǒu yǐ wéi shàng rén wéi zhī ér wú yǐ wéi shàng yì wéi zhī ér yǒu yǐ wéi shàng lǐ wéi zhī ér mò zhī yìng zé rǎng bì ér rēng zhī gù shī dào ér hòu dé shī dé ér hòu rén shī rén ér hòu yì shī yì ér hòu lǐ fú lǐ zhě zhōng xìn zhī bó ér luàn zhī shǒu qián shí zhě dào zhī huá ér yú zhī shǐ shì yǐ dà zhàng fū chǔ qí hòu bù jū qí bó chǔ qí shí bù jū qí huá gù qù bǐ qǔ cǐ

上德不德，是以有德；下德不失德，是以无德。上德无为而无以为；下德无为而有以为。上仁为之而无以为；上义为之而有以为。上礼为之而莫之应，则攘臂而扔之。故失道而后德，失德而后仁，失仁而后义，失义而后礼。夫礼者，忠信之薄，而乱之首。前识者，道之华，而愚之始。是以大丈夫处其厚，不居其薄；处其实，不居其华。故去彼取此。

dé jīng dì sān shí jiǔ zhāng
德经·第三十九章

xī zhī dé yī zhě tiān dé yī yǐ qīng dì dé yī yǐ níng shén dé yī yǐ líng gǔ dé yī yǐ yíng wàn wù dé yī yǐ shēng hóu wáng dé yī yǐ wéi tiān xià zhèng qí zhì zhī yě wèi tiān

昔之得一者：天得一以清，地得一以宁，神得一以灵，谷得一以盈，万物得一以生，侯王得一以为天下正。其致之也，谓天

wú yǐ qīng jiāng kǒng liè dì wú yǐ níng jiāng kǒng fèi shén wú
无以清，将恐裂；地无以宁，将恐废；神无
yǐ líng jiāng kǒng xiē yù wú yǐ yíng jiāng kǒng jié wàn wù wú
以灵，将恐歇；谷无以盈，将恐竭；万物无
yǐ shēng jiāng kǒng miè hóu wáng wú yǐ zhèng jiāng kǒng jué gù
以生，将恐灭；侯王无以正，将恐蹶。故
guì yǐ jiàn wéi běn gāo yǐ xià wéi jī shì yǐ hóu wáng zì chēng
贵以贱为本，高以下为基。是以侯王自称
gū guǎ bù gǔ cǐ fēi yǐ jiàn wéi běn yé fēi hū gù
孤、寡、不榖。此非以贱为本邪？非乎？故
zhì yù wú yù shì gù bú yù lù lù rú yù luò luò rú shí
至誉无誉。是故不欲琭琭如玉，珞珞如石。

dé jīng dì sì shí zhāng
德经·第四十章

fǎn zhě dào zhī dòng ruò zhě dào zhī yòng tiān xià wàn wù shēng
反者道之动；弱者道之用。天下万物生
yú yǒu yǒu shēng yú wú
于有，有生于无。

dé jīng dì sì shí yī zhāng
德经·第四十一章

shàng shì wén dào qín ér xíng zhī zhōng shì wén dào ruò
上士闻道，勤而行之；中士闻道，若
cún ruò wáng xià shì wén dào dà xiào zhī bú xiào bù zú yǐ wéi
存若亡；下士闻道，大笑之。不笑不足以为
dào gù jiàn yán yǒu zhī míng dào ruò mèi jìn dào ruò tuì yí
道。故建言有之：明道若昧，进道若退，夷
dào ruò lèi shàng dé ruò gǔ guǎng dé ruò bù zú jiàn dé ruò
道若颣，上德若谷，广德若不足，建德若
tōu zhì zhēn ruò yú dà bái ruò rǔ dà fāng wú yú dà qì
偷，质真若渝，大白若辱，大方无隅，大器

wǎn chéng dà yīn xī shēng dà xiàng wú xíng dào yǐn wú míng fú
晚成，大音希声，大象无形，道隐无名。夫
wéi dào shàn dài qiě chéng
唯道，善贷且成。

dé jīng dì sì shí èr zhāng
德经·第四十二章

dào shēng yī yī shēng èr èr shēng sān sān shēng wàn
道生一，一生二，二生三，三生万
wù wàn wù fù yīn ér bào yáng chōng qì yǐ wéi hé rén zhī suǒ
物。万物负阴而抱阳，冲气以为和。人之所
wù wéi gū guǎ bù gǔ ér wàng gōng yǐ wéi chēng gù
恶，唯孤、寡、不穀，而王公以为称。故
wù huò sǔn zhī ér yì huò yì zhī ér sǔn rén zhī suǒ jiào wǒ
物或损之而益，或益之而损。人之所教，我
yì jiào zhī qiáng liáng zhě bù dé qí sǐ wú jiāng yǐ wéi jiào fù
亦教之。强梁者不得其死，吾将以为教父。

dé jīng dì sì shí sān zhāng
德经·第四十三章

tiān xià zhī zhì róu chí chěng tiān xià zhī zhì jiān wú yǒu rù
天下之至柔，驰骋天下之至坚。无有入
wú jiàn wú shì yǐ zhī wú wéi zhī yǒu yì bù yán zhī jiào wú
无间，吾是以知无为之有益。不言之教，无
wéi zhī yì tiān xià xī jí zhī
为之益，天下希及之。

dé jīng dì sì shí sì zhāng
德经·第四十四章

míng yǔ shēn shú qīn shēn yǔ huò shú duō dé yǔ wáng shú
名与身孰亲？身与货孰多？得与亡孰

bìng shèn ài bì dà fèi duō cáng bì hòu wáng gù zhī zú bù
病？甚爱必大费；多藏必厚亡。故知足不
rǔ zhī zhǐ bú dài kě yǐ cháng jiǔ
辱，知止不殆，可以长久。

dé jīng dì sì shí wǔ zhāng
德经·第四十五章

dà chéng ruò quē qí yòng bú bì dà yíng ruò chōng qí
大成若缺，其用不弊。大盈若冲，其
yòng bù qióng dà zhí ruò qū dà qiǎo ruò zhuō dà biàn ruò nè
用不穷。大直若屈，大巧若拙，大辩若讷。
jìng shèng zào hán shèng rè qīng jìng wéi tiān xià zhèng
静胜躁，寒胜热。清静为天下正。

dé jīng dì sì shí liù zhāng
德经·第四十六章

tiān xià yǒu dào què zǒu mǎ yǐ fèn tiān xià wú dào róng
天下有道，却走马以粪。天下无道，戎
mǎ shēng yú jiāo huò mò dà yú bù zhī zú jiù mò dà yú yù
马生于郊。祸莫大于不知足；咎莫大于欲
dé gù zhī zú zhī zú cháng zú yǐ
得。故知足之足，常足矣。

dé jīng dì sì shí qī zhāng
德经·第四十七章

bù chū hù zhī tiān xià bù kuī yǒu jiàn tiān dào qí
不出户，知天下；不窥牖，见天道。其
chū mí yuǎn qí zhī mí shǎo shì yǐ shèng rén bù xíng ér zhī bú
出弥远，其知弥少。是以圣人不行而知，不
jiàn ér míng bù wéi ér chéng
见而明，不为而成。

dé jīng dì sì shí bā zhāng
德经·第四十八章

wéi xué rì yì wéi dào rì sǔn sǔn zhī yòu sǔn yǐ
为学日益，为道日损。损之又损，以
zhì yú wú wéi wú wéi ér wú bú wéi qǔ tiān xià cháng yǐ wú
至于无为。无为而无不为。取天下常以无
shì jí qí yǒu shì bù zú yǐ qǔ tiān xià
事，及其有事，不足以取天下。

dé jīng dì sì shí jiǔ zhāng
德经·第四十九章

shèng rén cháng wú xīn yǐ bǎi xìng xīn wéi xīn shàn zhě
圣人常无心，以百姓心为心。善者，
wú shàn zhī bú shàn zhě wú yì shàn zhī dé shàn xìn zhě
吾善之；不善者，吾亦善之；德善。信者，
wú xìn zhī bú xìn zhě wú yì xìn zhī dé xìn shèng rén zài
吾信之；不信者，吾亦信之；德信。圣人在
tiān xià xī xī yān wèi tiān xià hún qí xīn bǎi xìng jiē zhù qí
天下，歙歙焉，为天下浑其心，百姓皆注其
ěr mù shèng rén jiē hái zhī
耳目，圣人皆孩之。

dé jīng dì wǔ shí zhāng
德经·第五十章

chū shēng rù sǐ shēng zhī tú shí yǒu sān sǐ zhī tú
出生入死。生之徒，十有三；死之徒，
shí yǒu sān rén zhī shēng dòng zhī yú sǐ dì yì shí yǒu sān
十有三；人之生，动之于死地，亦十有三。
fú hé gù yǐ qí shēng shēng zhī hòu gài wén shàn shè shēng zhě
夫何故？以其生生之厚。盖闻善摄生者，
lù xíng bú yù sì hǔ rù jūn bú bèi jiǎ bīng sì wú suǒ tóu qí
路行不遇兕虎，入军不被甲兵；兕无所投其

jiǎo hǔ wú suǒ yòng qí zhǎo bīng wú suǒ róng qí rèn fú hé
角，虎无所用其爪，兵无所容其刃。夫何
gù yǐ qí wú sǐ dì
故？以其无死地。

dé jīng dì wǔ shí yī zhāng
德经·第五十一章

dào shēng zhī dé xù zhī wù xíng zhī shì chéng zhī
道生之，德畜之，物形之，势成之。
shì yǐ wàn wù mò bù zūn dào ér guì dé dào zhī zūn dé zhī
是以万物莫不尊道而贵德。道之尊，德之
guì fú mò zhī mìng ér cháng zì rán gù dào shēng zhī dé xù
贵，夫莫之命而常自然。故道生之，德畜
zhī zhǎng zhī yù zhī tíng zhī dú zhī yǎng zhī fù zhī shēng ér
之；长之育之；亭之毒之；养之覆之。生而
bù yǒu wéi ér bú shì zhǎng ér bù zǎi shì wèi xuán dé
不有，为而不恃，长而不宰，是谓玄德。

dé jīng dì wǔ shí èr zhāng
德经·第五十二章

tiān xià yǒu shǐ yǐ wéi tiān xià mǔ jì dé qí mǔ yǐ
天下有始，以为天下母。既得其母，以
zhī qí zi jì zhī qí zi fù shǒu qí mǔ mò shēn bú dài
知其子；既知其子，复守其母，没身不殆。
sāi qí duì bì qí mén zhōng shēn bù qín kāi qí duì jì qí
塞其兑，闭其门，终身不勤。开其兑，济其
shì zhōng shēn bú jiù jiàn xiǎo yuē míng shǒu róu yuē qiáng yòng qí
事，终身不救。见小曰明，守柔曰强。用其
guāng fù guī qí míng wú yí shēn yāng shì wéi xí cháng
光，复归其明，无遗身殃；是为袭常。

dé jīng dì wǔ shí sān zhāng
德经·第五十三章

shǐ wǒ jiè rán yǒu zhī xíng yú dà dào wéi yí shì wèi
使我介然有知，行于大道，唯施是畏。
dà dào shèn yí ér rén hào jìng cháo shèn chú tián shèn wú
大道甚夷，而人好径。朝甚除，田甚芜，
cāng shèn xū fú wén cǎi dài lì jiàn yàn yǐn shí cái huò yǒu
仓甚虚；服文采，带利剑，厌饮食，财货有
yú shì wéi dào kuā fēi dào yě zāi
余；是为盗夸。非道也哉！

dé jīng dì wǔ shí sì zhāng
德经·第五十四章

shàn jiàn zhě bù bá shàn bào zhě bù tuō zǐ sūn yǐ jì sì
善建者不拔，善抱者不脱，子孙以祭祀
bú chuò xiū zhī yú shēn qí dé nǎi zhēn xiū zhī yú jiā qí
不辍。修之于身，其德乃真；修之于家，其
dé nǎi yú xiū zhī yú xiāng qí dé nǎi cháng xiū zhī yú bāng
德乃余；修之于乡，其德乃长；修之于邦，
qí dé nǎi fēng xiū zhī yú tiān xià qí dé nǎi pǔ gù yǐ shēn
其德乃丰；修之于天下，其德乃普。故以身
guān shēn yǐ jiā guān jiā yǐ xiāng guān xiāng yǐ bāng guān bāng
观身，以家观家，以乡观乡，以邦观邦，
yǐ tiān xià guān tiān xià wú hé yǐ zhī tiān xià rán zāi yǐ cǐ
以天下观天下。吾何以知天下然哉？以此。

dé jīng dì wǔ shí wǔ zhāng
德经·第五十五章

hán dé zhī hòu bǐ yú chì zǐ dú chóng bú shì měng shòu
含德之厚，比于赤子。毒虫不螫，猛兽
bú jù jué niǎo bù bó gǔ ruò jīn róu ér wò gù wèi zhī pìn
不据，攫鸟不搏。骨弱筋柔而握固。未知牝

mǔ zhī hé ér zuī zuò jīng zhī zhì yě zhōng rì háo ér bú shà
牡之合而朘作，精之至也。终日号而不嗄，
hé zhī zhì yě zhī hé yuē cháng zhī cháng yuē míng yì shēng yuē
和之至也。知和曰常，知常曰明。益生曰
xiáng xīn shǐ qì yuē qiáng wù zhuàng zé lǎo wèi zhī bú dào
祥。心使气曰强。物壮则老，谓之不道，
bú dào zǎo yǐ
不道早已。

dé jīng dì wǔ shí liù zhāng
德经·第五十六章

zhì zhě bù yán yán zhě bù zhì sāi qí duì bì qí
知者不言，言者不知。塞其兑，闭其
mén cuò qí ruì jiě qí fēn hé qí guāng tóng qí chén shì
门，挫其锐，解其纷，和其光，同其尘，是
wèi xuán tóng gù bù kě dé ér qīn bù kě dé ér shū bù kě
谓玄同。故不可得而亲，不可得而疏；不可
dé ér lì bù kě dé ér hài bù kě dé ér guì bù kě dé
得而利，不可得而害；不可得而贵，不可得
ér jiàn gù wéi tiān xià guì
而贱。故为天下贵。

dé jīng dì wǔ shí qī zhāng
德经·第五十七章

yǐ zhèng zhì guó yǐ qí yòng bīng yǐ wú shì qǔ tiān xià
以正治国，以奇用兵，以无事取天下。
wú hé yǐ zhī qí rán zāi yǐ cǐ tiān xià duō jì huì ér mín
吾何以知其然哉？以此：天下多忌讳，而民
mí pín mín duō lì qì guó jiā zī hūn rén duō jì qiǎo qí
弥贫；民多利器，国家滋昏；人多伎巧，奇
wù zī qǐ fǎ lìng zī zhāng dào zéi duō yǒu gù shèng rén yún
物滋起；法令滋彰，盗贼多有。故圣人云：

wǒ wú wéi ér mín zì huà wǒ hào jìng ér mín zì zhèng
“我无为，而民自化；我好静，而民自正；
wǒ wú shì ér mín zì fù wǒ wú yù ér mín zì pǔ
我无事，而民自富；我无欲，而民自朴。”

dé jīng dì wǔ shí bā zhāng
德经·第五十八章

qí zhèng mèn mèn qí mín chún chún qí zhèng chá chá qí
其政闷闷，其民淳淳；其政察察，其
mín quē quē huò xī fú zhī suǒ yǐ fú xī huò zhī suǒ
民缺缺。祸兮，福之所倚；福兮，祸之所
fú shú zhī qí jí qí wú zhèng yě zhèng fù wéi qí shàn fù
伏。孰知其极？其无正也。正复为奇，善复
wéi yāo rén zhī mí qí rì gù jiǔ shì yǐ shèng rén fāng ér bù
为妖。人之迷，其日固久。是以圣人方而不
gē lián ér bú guì zhí ér bú sì guāng ér bú yào
割，廉而不刿，直而不肆，光而不耀。

dé jīng dì wǔ shí jiǔ zhāng
德经·第五十九章

zhì rén shì tiān mò ruò sè fú wéi sè shì wèi zǎo
治人事天，莫若啬。夫唯啬，是谓早
fú zǎo fú wèi zhī chóng jī dé chóng jī dé zé wú bú kè
服；早服谓之重积德；重积德则无不克；
wú bú kè zé mò zhī qí jí mò zhī qí jí kě yǐ yǒu guó
无不克则莫知其极；莫知其极，可以有国；
yǒu guó zhī mǔ kě yǐ cháng jiǔ shì wèi shēn gēn gù dǐ cháng
有国之母，可以长久；是谓深根固柢，长
shēng jiǔ shì zhī dào
生久视之道。

dé jīng dì liù shí zhāng

德经·第六十章

zhì dà guó ruò pēng xiǎo xiān yǐ dào lì tiān xià qí guǐ bù shén fēi qí guǐ bù shén qí shén bù shāng rén fēi qí shén bù shāng rén shèng rén yì bù shāng rén fú liǎng bù xiāng shāng gù dé jiāo guī yān

治大国，若烹小鲜。以道莅天下，其鬼不神，非其鬼不神；其神不伤人；非其神不伤人，圣人亦不伤人。夫两不相伤，故德交归焉。

dé jīng dì liù shí yī zhāng

德经·第六十一章

dà bāng zhě xià liú tiān xià zhī jiāo tiān xià zhī pìn pìn cháng yǐ jìng shèng mǔ yǐ jìng wéi xià gù dà bāng yǐ xià xiǎo bāng zé qǔ xiǎo bāng xiǎo bāng yǐ xià dà bāng zé qǔ dà bāng gù huò xià yǐ qǔ huò xià ér qǔ dà bāng bú guò yù jiān xù rén xiǎo bāng bú guò yù rù shì rén fú liǎng zhě gè dé suǒ yù dà zhě yí wéi xià

大邦者下流，天下之交，天下之牝。牝常以静胜牡，以静为下。故大邦以下小邦，则取小邦；小邦以下大邦，则取大邦。故或下以取，或下而取。大邦不过欲兼畜人，小邦不过欲入事人。夫两者各得所欲，大者宜为下。

dé jīng dì liù shí èr zhāng

德经·第六十二章

dào zhě wàn wù zhī ào shàn rén zhī bǎo bú shàn rén zhī suǒ bǎo měi yán kě yǐ shì zūn xíng kě yǐ jiā rén rén zhī bú

道者万物之奥。善人之宝，不善人之所保。美言可以市，尊行可以加人。人之不

shàn hé qì zhī yǒu gù lì tiān zǐ zhì sān gōng suī yǒu gǒng
善，何弃之有？故立天子，置三公，虽有拱
bì yǐ xiān sì mǎ bù rú zuò jìn cǐ dào gǔ zhī suǒ yǐ guì cǐ
壁以先驷马，不如坐进此道。古之所以贵此
dào zhě hé bù yuē qiú yǐ dé yǒu zuì yǐ miǎn yé gù wéi
道者何？不曰：求以得，有罪以免邪？故为
tiān xià guì
天下贵。

dé jīng dì liù shí sān zhāng
德经·第六十三章

wéi wú wéi shì wú shì wèi wú wèi dà xiǎo duō shǎo
为无为，事无事，味无味。大小多少，
bào yuàn yǐ dé tú nán yú qí yì wéi dà yú qí xì tiān xià
报怨以德。图难于其易，为大于其细；天下
nán shì bì zuò yú yì tiān xià dà shì bì zuò yú xì shì
难事，必作于易，天下大事，必作于细。是
yǐ shèng rén zhōng bù wéi dà gù néng chéng qí dà fú qīng nuò bì
以圣人终不为大，故能成其大。夫轻诺必
guǎ xìn duō yì bì duō nán shì yǐ shèng rén yóu nán zhī gù
寡信，多易必多难。是以圣人犹难之，故
zhōng wú nán yǐ
终无难矣。

dé jīng dì liù shí sì zhāng
德经·第六十四章

qí ān yì chí qí wèi zhào yì móu qí cuì yì pàn qí
其安易持，其未兆易谋；其脆易泮，其
wēi yì sàn wéi zhī yú wèi yǒu zhì zhī yú wèi luàn hé bào zhī
微易散。为之于未有，治之于未乱。合抱之
mù shēng yú háo mò jiǔ céng zhī tái qǐ yú lěi tǔ qiān lǐ
木，生于毫末；九层之台，起于累土；千里

zhī xíng shǐ yú zú xià wéi zhě bài zhī zhí zhě shī zhī shì
之行，始于足下。为者败之，执者失之。是
yǐ shèng rén wú wéi gù wú bài wú zhí gù wú shī mín zhī cóng
以圣人无为故无败，无执故无失。民之从
shì cháng yú jǐ chéng ér bài zhī shèn zhōng rú shǐ zé wú bài
事，常于几成而败之。慎终如始，则无败
shì shì yǐ shèng rén yù bú yù bú guì nán dé zhī huò xué bù
事。是以圣人欲不欲，不贵难得之货；学不
xué fù zhòng rén zhī suǒ guò yǐ fǔ wàn wù zhī zì rán ér bù gǎn
学，复众人之所过。以辅万物之自然而不敢
wéi
为。

dé jīng dì liù shí wǔ zhāng
德经·第六十五章

gǔ zhī shàn wéi dào zhě fēi yǐ míng mín jiāng yǐ yú zhī
古之善为道者，非以明民，将以愚之。
mín zhī nán zhì yǐ qí zhì duō gù yǐ zhì zhì guó guó zhī
民之难治，以其智多。故以智治国，国之
zéi bù yǐ zhì zhì guó guó zhī fú zhī cǐ liǎng zhě yì jī
贼；不以智治国，国之福。知此两者亦稽
shì cháng zhī jī shì shì wèi xuán dé xuán dé shēn yǐ yuǎn
式。常知稽式，是谓玄德。玄德深矣，远
yǐ yǔ wù fǎn yǐ rán hòu nǎi zhì dà shùn
矣，与物反矣，然后乃至大顺。

dé jīng dì liù shí liù zhāng
德经·第六十六章

jiāng hǎi zhī suǒ yǐ néng wéi bǎi gǔ wáng zhě yǐ qí shàn xià
江海之所以能为百谷王者，以其善下
zhī gù néng wéi bǎi gǔ wáng shì yǐ shèng rén yù shàng mín bì
之，故能为百谷王。是以圣人欲上民，必

yǐ yán xià zhī yù xiān mín bì yǐ shēn hòu zhī shì yǐ shèng rén
以言下之；欲先民，必以身后之。是以圣人
chǔ shàng ér mín bú zhòng chǔ qián ér mín bú hài shì yǐ tiān xià lè
处上而民不重，处前而民不害。是以天下乐
tuī ér bú yàn yǐ qí bù zhēng gù tiān xià mò néng yǔ zhī zhēng
推而不厌，以其不争，故天下莫能与之争。

dé jīng dì liù shí qī zhāng
德经·第六十七章

tiān xià jiē wèi wǒ dào dà sì bú xiào fú wéi
天下皆谓我："道大，似不肖。"夫唯
dà gù sì bú xiào ruò xiào jiǔ yǐ qí xì yě fú wǒ yǒu
大，故似不肖。若肖，久矣其细也夫！我有
sān bǎo chí ér bǎo zhī yī yuē cí èr yuē jiǎn sān yuē bù
三宝，持而保之。一曰慈，二曰俭，三曰不
gǎn wéi tiān xià xiān cí gù néng yǒng jiǎn gù néng guǎng bù gǎn wéi
敢为天下先。慈故能勇；俭故能广；不敢为
tiān xià xiān gù néng chéng qì zhǎng jīn shě cí qiě yǒng shě jiǎn
天下先，故能成器长。今舍慈且勇，舍俭
qiě guǎng shě hòu qiě xiān sǐ yǐ fú cí yǐ zhàn zé shèng
且广，舍后且先，死矣！夫慈，以战则胜，
yǐ shǒu zé gù tiān jiāng jiù zhī yǐ cí wèi zhī
以守则固。天将救之，以慈卫之。

dé jīng dì liù shí bā zhāng
德经·第六十八章

shàn wéi shì zhě bù wǔ shàn zhàn zhě bú nù shàn shèng
善为士者，不武；善战者，不怒；善胜
dí zhě bú yù shàn yòng rén zhě wéi zhī xià shì wèi bù
敌者，不与；善用人者，为之下。是谓不
zhēng zhī dé shì wèi yòng rén zhī lì shì wèi pèi tiān gǔ zhī
争之德，是谓用人之力，是谓配天，古之

jí yě
极也。

dé jīng dì liù shí jiǔ zhāng
德经·第六十九章

yòng bīng yǒu yán wú bù gǎn wéi zhǔ ér wéi kè bù
用兵有言："吾不敢为主，而为客；不
gǎn jìn cùn ér tuì chǐ shì wèi xíng wú xíng rǎng wú bì
敢进寸，而退尺。"是谓行无行，攘无臂，
rēng wú dí zhí wú bīng huò mò dà yú qīng dí qīng dí jǐ sàng
扔无敌，执无兵。祸莫大于轻敌，轻敌几丧
wú bǎo gù kàng bīng xiāng jiā āi zhě shèng yǐ
吾宝。故抗兵相加，哀者胜矣。

dé jīng dì qī shí zhāng
德经·第七十章

wú yán shèn yì zhī shèn yì xíng tiān xià mò néng zhī mò
吾言甚易知，甚易行。天下莫能知，莫
néng xíng yán yǒu zōng shì yǒu jūn fú wéi wú zhī shì yǐ bù
能行。言有宗，事有君。夫唯无知，是以不
wǒ zhī zhī wǒ zhě xī zé wǒ zhě guì shì yǐ shèng rén pī hè
我知。知我者希，则我者贵。是以圣人被褐
ér huái yù
而怀玉。

dé jīng dì qī shí yī zhāng
德经·第七十一章

zhī bù zhī shàng yǐ bù zhī zhī bìng yě fú wéi bìng
知不知，尚矣；不知知，病也。夫唯病
bìng shì yǐ bú bìng shèng rén bú bìng yǐ qí bìng bìng shì yǐ
病，是以不病。圣人不病，以其病病，是以

bú bìng
不病。

dé jīng dì qī shí èr zhāng
德经·第七十二章

mín bú wèi wēi zé dà wēi zhì wú xiá qí suǒ jū wú
民不畏威，则大威至。无狎其所居，无
yā qí suǒ shēng fú wéi bù yā shì yǐ bú yàn shì yǐ shèng rén
厌其所生。夫唯不厌，是以不厌。是以圣人
zì zhī bú zì xiàn zì ài bú zì guì gù qù bǐ qǔ cǐ
自知不自见；自爱不自贵。故去彼取此。

dé jīng dì qī shí sān zhāng
德经·第七十三章

yǒng yú gǎn zé shā yǒng yú bù gǎn zé huó cǐ liǎng zhě huò
勇于敢则杀，勇于不敢则活，此两者或
lì huò hài tiān zhī suǒ wù shú zhī qí gù shì yǐ shèng rén yóu
利或害。天之所恶，孰知其故？是以圣人犹
nán zhī tiān zhī dào bù zhēng ér shàn shèng bù yán ér shàn yìng
难之。天之道，不争而善胜，不言而善应，
bú zhào ér zì lái chǎn rán ér shàn móu tiān wǎng huī huī shū
不召而自来，繟然而善谋。天网恢恢，疏
ér bù shī
而不失。

dé jīng dì qī shí sì zhāng
德经·第七十四章

mín bú wèi sǐ nài hé yǐ sǐ jù zhī ruò shǐ mín cháng wèi
民不畏死，奈何以死惧之？若使民常畏
sǐ ér wéi qí zhě wú dé zhí ér shā zhī shú gǎn cháng yǒu
死，而为奇者，吾得执而杀之，孰敢？常有

sī shā zhě shā fú dài sī shā zhě shā shì wèi dài dà jiàng zhuó
司杀者杀，夫代司杀者杀，是谓代大匠斲。
fú dài dà jiàng zhuó zhě xī yǒu bù shāng qí shǒu yǐ
夫代大匠斲者，希有不伤其手矣。

dé jīng dì qī shí wǔ zhāng
德经·第七十五章

mín zhī jī yǐ qí shàng shí shuì zhī duō shì yǐ jī mín
民之饥，以其上食税之多，是以饥。民
zhī nán zhì yǐ qí shàng zhī yǒu wéi shì yǐ nán zhì mín zhī qīng
之难治，以其上之有为，是以难治。民之轻
sǐ yǐ qí shàng qiú shēng zhī hòu shì yǐ qīng sǐ fú wéi wú
死，以其上求生之厚，是以轻死。夫唯无
yǐ shēng wéi zhě shì xián yú guì shēng
以生为者，是贤于贵生。

dé jīng dì qī shí liù zhāng
德经·第七十六章

rén zhī shēng yě róu ruò qí sǐ yě jiān qiáng cǎo mù zhī
人之生也柔弱，其死也坚强。草木之
shēng yě róu cuì qí sǐ yě kū gǎo gù jiān qiáng zhě sǐ zhī
生也柔脆，其死也枯槁。故坚强者死之
tú róu ruò zhě shēng zhī tú shì yǐ bīng qiáng zé miè mù qiáng
徒，柔弱者生之徒。是以兵强则灭，木强
zé zhé qiáng dà chǔ xià róu ruò chǔ shàng
则折。强大处下，柔弱处上。

dé jīng dì qī shí qī zhāng
德经·第七十七章

tiān zhī dào qí yóu zhāng gōng yú gāo zhě yì zhī xià zhě
天之道，其犹张弓欤？高者抑之，下者

jǔ zhī yǒu yú zhě sǔn zhī bù zú zhě bǔ zhī tiān zhī dào
举之；有余者损之，不足者补之。天之道，
sǔn yǒu yú ér bǔ bù zú rén zhī dào zé bù rán sǔn bù zú yǐ
损有余而补不足。人之道则不然，损不足以
fèng yǒu yú shú néng yǒu yú yǐ fèng tiān xià wéi yǒu dào zhě shì
奉有余。孰能有余以奉天下，唯有道者。是
yǐ shèng rén wéi ér bú shì gōng chéng ér bù chǔ qí bú yù xiàn
以圣人为而不恃，功成而不处，其不欲见
xián
贤。

dé jīng dì qī shí bā zhāng
德经·第七十八章

tiān xià mò róu ruò yú shuǐ ér gōng jiān qiáng zhě mò zhī néng
天下莫柔弱于水，而攻坚强者莫之能
shèng yǐ qí wú yǐ yì zhī ruò zhī shèng qiáng róu zhī shèng
胜，以其无以易之。弱之胜强，柔之胜
gāng tiān xià mò bù zhī mò néng xíng shì yǐ shèng rén yún
刚，天下莫不知，莫能行。是以圣人云：
shòu guó zhī gòu shì wèi shè jì zhǔ shòu guó bù xiáng shì wéi
“受国之垢，是谓社稷主；受国不祥，是为
tiān xià wáng zhèng yán ruò fǎn
天下王。”正言若反。

dé jīng dì qī shí jiǔ zhāng
德经·第七十九章

hé dà yuàn bì yǒu yú yuàn ān kě yǐ wéi shàn shì yǐ
和大怨，必有余怨；安可以为善？是以
shèng rén zhí zuǒ qì ér bù zé yú rén yǒu dé sī qì wú dé
圣人执左契，而不责于人。有德司契，无德
sī chè tiān dào wú qīn cháng yǔ shàn rén
司彻。天道无亲，常与善人。

dé jīng dì bā shí zhāng
德经·第八十章

xiǎo guó guǎ mín shǐ yǒu shí bǎi zhī qì ér bú yòng shǐ mín
小国寡民。使有什伯之器而不用，使民
zhòng sǐ ér bù yuǎn xǐ suī yǒu zhōu yú wú suǒ chéng zhī suī
重死而不远徙。虽有舟舆，无所乘之；虽
yǒu jiǎ bīng wú suǒ chén zhī shǐ rén fù jié shéng ér yòng zhī
有甲兵，无所陈之。使人复结绳而用之。
gān qí shí měi qí fú ān qí jū lè qí sú lín guó xiāng
甘其食，美其服，安其居，乐其俗。邻国相
wàng jī quǎn zhī shēng xiāng wén mín zhì lǎo sǐ bù xiāng wǎng lái
望，鸡犬之声相闻，民至老死不相往来。

dé jīng dì bā shí yī zhāng
德经·第八十一章

xìn yán bù měi měi yán bú xìn shàn zhě bú biàn biàn zhě
信言不美，美言不信。善者不辩，辩者
bú shàn zhī zhě bù bó bó zhě bù zhī shèng rén bù jī jì
不善。知者不博，博者不知。圣人不积，既
yǐ wéi rén jǐ yù yǒu jì yǐ yǔ rén jǐ yù duō tiān zhī dào
以为人己愈有；既以与人己愈多。天之道，
lì ér bú hài shèng rén zhī dào wéi ér bù zhēng
利而不害；圣人之道，为而不争。

shī jīng xuǎn dú
诗经（选读）

《诗经》约在公元前六世纪中叶编纂成书，据说是由儒家创始人孔子编定的。它是我国第一部诗歌总集，共收作品三百零五篇，分为“风”“雅”“颂”三部分，都因音乐得名。“风”是地方乐调，收录当时十五国的民歌；“雅”分大、小雅，多为贵族所作的乐章；“颂”是用于宗庙祭祀的乐歌。《诗经》是中国诗歌乃至整个中国文学的光辉起点。

guó fēng shǒu
国风94首

zhōu nán
周南

guān jū
关雎

guān guān jū jiū zài hé zhī zhōu yǎo tiǎo shū nǚ jūn zǐ hǎo qiú
关关雎鸠，在河之洲。窈窕淑女，君子好逑。

cēn cī xìng cài zuǒ yòu liú zhī yǎo tiǎo shū nǚ wù mèi qiú zhī
参差荇菜，左右流之。窈窕淑女，寤寐求之。

qiú zhī bù dé, wù mèi sī fú. yōu zāi yōu zāi, zhǎn zhuǎn fǎn cè.

求之不得，寤寐思服。悠哉悠哉，辗转反侧。

cēn cī xìng cài, zuǒ yòu cǎi zhī. yǎo tiǎo shū nǚ, qín sè yǒu zhī.

参差荇菜，左右采之。窈窕淑女，琴瑟友之。

cēn cī xìng cài, zuǒ yòu mào zhī. yǎo tiǎo shū nǚ, zhōng gǔ lè zhī.

参差荇菜，左右芼之。窈窕淑女，钟鼓乐之。

gě tán
葛覃

gě zhī tán xī, yì yú zhōng gǔ, wéi yè qī qī. huáng niǎo yú fēi, jí yú guàn mù, qí míng jiē jiē.

葛之覃兮，施于中谷，维叶萋萋。黄鸟于飞，集于灌木，其鸣喈喈。

gě zhī tán xī, yì yú zhōng gǔ, wéi yè mò mò. shì yì shì huò, wéi chī wéi xì, fú zhī wú yì.

葛之覃兮，施于中谷，维叶莫莫。是刈是濩，为絺为绤，服之无斁。

yán gào shī shì, yán gào yán guī. bó wū wǒ sī, bó huàn wǒ yī. hé huàn hé fǒu, guī níng fù mǔ.

言告师氏，言告言归。薄汙（污）我私，薄澣（浣）我衣。害（盍）澣（浣）害（盍）否，归宁父母。

juǎn ěr
卷耳

cǎi cǎi juǎn ěr, bù yíng qīng kuāng. jiē wǒ huái rén, zhì bǐ

采采卷耳，不盈顷筐。嗟我怀人，寘彼

zhōu háng
周行。

zhì bǐ cuī wéi wǒ mǎ huī tuí
陟彼崔嵬，我马虺隤。

wǒ gū zhuó bǐ jīn léi wéi yǐ bù yǒng huái
我姑酌彼金罍，维以不永怀。

zhì bǐ gāo gāng wǒ mǎ xuán huáng
陟彼高冈，我马玄黄。

wǒ gū zhuó bǐ sì gōng wéi yǐ bù yǒng shāng
我姑酌彼兕觥，维以不永伤。

zhì bǐ jū yǐ wǒ mǎ tú yǐ wǒ pú pū yǐ yún hé xū yǐ
陟彼砠矣，我马瘏矣，我仆痡矣，云何吁矣。

táo yāo
桃夭

táo zhī yāo yāo zhuó zhuó qí huā zhī zǐ yú guī yí qí shì jiā
桃之夭夭，灼灼其华。之子于归，宜其室家。

táo zhī yāo yāo yǒu fén qí shí zhī zǐ yú guī yí qí jiā shì
桃之夭夭，有蕡其实。之子于归，宜其家室。

táo zhī yāo yāo qí yè zhēn zhēn zhī zǐ yú guī yí qí jiā rén
桃之夭夭，其叶蓁蓁。之子于归，宜其家人。

fú yǐ
芣苢

cǎi cǎi fú yǐ bó yán cǎi zhī cǎi cǎi fú yǐ bó yán
采采芣苢，薄言采之。采采芣苢，薄言

yǒu zhī
有之。

cǎi cǎi fú yǐ bó yán duō zhī cǎi cǎi fú yǐ bó yán
采采芣苢，薄言掇之。采采芣苢，薄言

luō zhī
捋之。

cǎi cǎi fú yǐ bó yán jié zhī cǎi cǎi fú yǐ bó yán
采采芣苢，薄言袺之。采采芣苢，薄言

xié zhī
襭之。

hàn guǎng
汉广

nán yǒu qiáo mù bù kě xiū sī hàn yǒu yóu nǚ bù kě
南有乔木，不可休思。汉有游女，不可

qiú sī hàn zhī guǎng yǐ bù kě yǒng sī jiāng zhī yǒng yǐ
求思。汉之广矣，不可泳思。江之永矣，

bù kě fāng sī
不可方思。

qiáo qiáo cuò xīn yán yì qí chǔ zhī zǐ yú guī yán mò
翘翘错薪，言刈其楚。之子于归，言秣

qí mǎ hàn zhī guǎng yǐ bù kě yǒng sī jiāng zhī yǒng yǐ
其马。汉之广矣，不可泳思。江之永矣，

bù kě fāng sī
不可方思。

qiáo qiáo cuò xīn yán yì qí lóu zhī zǐ yú guī yán mò
翘翘错薪，言刈其蒌。之子于归。言秣

qí jū hàn zhī guǎng yǐ bù kě yǒng sī jiāng zhī yǒng yǐ
其驹。汉之广矣，不可泳思。江之永矣，

bù kě fāng sī
不可方思。

guó fēng shào nán
国风 召南

háng lù
行露

yàn yì háng lù qǐ bú sù yè wèi háng duō lù
厌浥行露，岂不夙夜，谓行多露。
shuí wèi què wú jiǎo hé yǐ chuān wǒ wū
谁谓雀无角？何以穿我屋？
shuí wèi rǔ rǔ wú jiā hé yǐ sù wǒ yù
谁谓女（汝）无家？何以速我狱？
suī sù wǒ yù shì jiā bù zú
虽速我狱，室家不足！
shuí wèi shǔ wú yá hé yǐ chuān wǒ yōng
谁谓鼠无牙？何以穿我墉？
shuí wèi rǔ rǔ wú jiā hé yǐ sù wǒ sòng
谁谓女（汝）无家？何以速我讼？
suī sù wǒ sòng yì bù rǔ rǔ cóng
虽速我讼，亦不女（汝）从！

yǐn qí léi
殷其雷

yǐn qí léi zài nán shān zhī yáng hé sī wéi sī mò gǎn huò huáng zhèn zhèn jūn zǐ guī zāi guī zāi
殷其雷，在南山之阳。何斯违斯？莫敢或遑。振振君子，归哉归哉！

yǐn qí léi zài nán shān zhī cè hé sī wéi sī mò gǎn huáng xī zhèn zhèn jūn zǐ guī zāi guī zāi
殷其雷，在南山之侧。何斯违斯？莫敢遑息。振振君子，归哉归哉！

yǐn qí léi zài nán shān zhī xià hé sī wéi sī mò huò huáng chǔ zhèn zhèn jūn zǐ guī zāi guī zāi
殷其雷，在南山之下。何斯违斯？莫或遑处。振振君子，归哉归哉！

biào yǒu méi
摽有梅

biào yǒu méi qí shí qī xī qiú wǒ shù shì dài qí jí
摽有梅，其实七兮。求我庶士，迨其吉
xī
兮。

biào yǒu méi qí shí sān xī qiú wǒ shù shì dài qí jīn
摽有梅，其实三兮。求我庶士，迨其今
xī
兮。

biào yǒu méi qǐng kuāng jì zhī qiú wǒ shù shì dài qí wèi
摽有梅，顷筐塈之。求我庶士，迨其谓
zhī
之。

xiǎo xīng
小星

huì bǐ xiǎo xīng sān wǔ zài dōng sù sù xiāo zhēng sù yè
嘒彼小星，三五在东。肃肃宵征，夙夜
zài gōng shí mìng bù tóng
在公。寔命不同！

huì bǐ xiǎo xīng wéi shēn yǔ mǎo sù sù xiāo zhēng pāo
嘒彼小星，维参与昴。肃肃宵征，抱
pāo qīn yǔ chóu shí mìng bù yóu
（抛）衾与裯。寔命不犹！

yě yǒu sǐ jūn
野有死麕

yě yǒu sǐ jūn bái máo bāo zhī yǒu nǚ huái chūn jí shì
野有死麕，白茅包之。有女怀春，吉士
yòu zhī
诱之。

lín yǒu pǔ sù yě yǒu sǐ lù bái máo chún shù yǒu nǚ
林有朴樕，野有死鹿。白茅纯束，有女

rú yù
如玉。

shū ér tuì tuì xī wú hàn hàn wǒ shuì xī wú shǐ
舒而脱脱兮，无感（撼）我帨兮，无使
máng yě fèi
尨也吠。

guó fēng bèi fēng
国风 邶风

bǎi zhōu
柏舟

fàn bǐ bǎi zhōu yì fàn qí liú gěng gěng bú mèi rú yǒu
泛彼柏舟，亦泛其流。耿耿不寐，如有
yǐn yōu wēi wǒ wú jiǔ yǐ áo yǐ yóu
隐忧。微我无酒，以敖以游。

wǒ xīn fěi jiàn bù kě yǐ rú yì yǒu xiōng di bù kě
我心匪鉴，不可以茹。亦有兄弟，不可
yǐ jù bó yán wǎng sù féng bǐ zhī nù
以据。薄言往诉，逢彼之怒。

wǒ xīn fěi shí bù kě zhuǎn yě wǒ xīn fěi xí bù kě
我心匪石，不可转也。我心匪席，不可
juǎn yě wēi yí dài dài bù kě suàn suàn yě
卷也。威仪棣棣，不可选（算）也。

yōu xīn qiǎo qiǎo yùn yú qún xiǎo gòu mǐn jì duō shòu wǔ
忧心悄悄，愠于群小。觏闵既多，受侮
bù shǎo jìng yán sī zhī wù pì yǒu biào
不少。静言思之，寤辟有摽。

rì jū yuè zhū hú dié ér wēi xīn zhī yōu yǐ rú fěi
日居月诸，胡迭而微？心之忧矣，如匪
huàn huàn yī jìng yán sī zhī bù néng fèn fēi
澣（浣）衣。静言思之，不能奋飞。

燕燕

燕燕于飞，差池其羽。之子于归，远送于野。瞻望弗及，泣涕如雨。

燕燕于飞，颉之颃之。之子于归，远于将之。瞻望弗及，伫立以泣。

燕燕于飞，下上其音。之子于归，远送于南。瞻望弗及，实劳我心。

仲氏任只，其心塞渊。终温且惠，淑慎其身。先君之思，以勖寡人。

凯风

凯风自南，吹彼棘心。棘心夭夭，母氏劬劳。

凯风自南，吹彼棘薪。母氏圣善，我无令人。

爰有寒泉，在浚之下。有子七人，母氏劳苦。

xiàn huǎn huáng niǎo zài hǎo qí yīn yǒu zǐ qī rén mò wèi mǔ xīn

睍睆黄鸟，载好其音。有子七人，莫慰母心。

páo yǒu kǔ yè
匏有苦叶

páo yǒu kǔ yè jǐ yǒu shēn shè shēn zé lì qiǎn zé qì

匏有苦叶，济有深涉。深则厉，浅则揭。

yǒu mí jǐ yíng yǒu yǎo zhì míng jǐ yíng bù rú guǐ zhì míng qiú qí mǔ

有弥济盈，有鷕雉鸣。济盈不濡轨，雉鸣求其牡。

yōng yōng míng yàn xù rì shǐ dàn shì rú guī qī dài bīng wèi pàn

雍雍鸣雁，旭日始旦。士如归妻，迨冰未泮。

zhāo zhāo zhōu zǐ rén shè áng fǒu bú shè áng fǒu áng xū wǒ yǒu

招招舟子，人涉卬否。不涉卬否，卬须我友。

gǔ fēng
谷风

xí xí gǔ fēng yǐ yīn yǐ yǔ mǐn miǎn tóng xīn bù yí yǒu nù

习习谷风，以阴以雨。黾勉同心，不宜有怒。

cǎi fēng cǎi fěi wú yǐ xià tǐ dé yīn mò wéi jí ěr tóng sǐ

采葑采菲，无以下体。德音莫违，及尔同死。

xíng dào chí chí zhōng xīn yǒu wéi bù yuǎn yī ěr bó sòng
行道迟迟，中心有违。不远伊迩，薄送
wǒ jī
我畿。

shuí wèi tú kǔ qí gān rú jì yàn ěr xīn hūn
谁谓荼苦，其甘如荠。宴尔新昏
hūn rú xiōng rú dì
（婚），如兄如弟。

jīng yǐ wèi zhuó shí shí qí zhǐ yàn ěr xīn hūn
泾以渭浊，湜湜其沚。宴尔新昏
hūn bù wǒ xiè yǐ
（婚），不我屑以。

wú shì wǒ liáng wú fā wǒ gǒu wǒ gōng bú yuè huáng xù
毋逝我梁，毋发我笱。我躬不阅，遑恤
wǒ hòu
我后。

jiù qí shēn yǐ fāng zhī zhōu zhī jiù qí qiǎn yǐ yǒng zhī
就其深矣，方之舟之。就其浅矣，泳之
yóu zhī
游之。

hé yǒu hé wú mǐn miǎn qiú zhī fán mín yǒu sàng pú fú
何有何亡，黾勉求之。凡民有丧，匍匐
jiù zhī
救之。

bù wǒ néng xù fǎn yǐ wǒ wéi chóu jì zǔ wǒ dé gǔ
不我能慉，反以我为雠。既阻我德，贾
yòng bú shòu
用不售。

xī yù kǒng yù jū jí ěr diān fù jì shēng jì yù bǐ
昔育恐育鞫，及尔颠覆。既生既育，比
yú yú dú
予于毒。

wǒ yǒu zhǐ xù yì yǐ yù dōng yàn ěr xīn hūn
我有旨蓄，亦以御冬。宴尔新昏

（婚），以我御穷。并洸有溃，既诒（贻）我肄。不念昔者，伊余来塈。

式微

式微，式微，胡不归？微君之故，胡为乎中露？

式微，式微，胡不归？微君之躬，胡为乎泥中！

旄丘

旄丘之葛兮，何诞之节兮。叔兮伯兮，何多日也？

何其处也？必有与也！何其久也？必有以也！

狐裘蒙戎，匪车不东。叔兮伯兮，靡所与同。

琐兮尾兮，流离之子。叔兮伯兮，褎如

chōng ěr
充耳。

jiǎn xī
简兮

jiǎn xī jiǎn xī fāng jiāng wàn wǔ
简兮简兮，方将万舞。
rì zhī fāng zhōng zài qián shàng chù
日之方中，在前上处。

shuò rén yǔ yǔ gōng tíng wàn wǔ
硕人俣俣，公庭万舞。
yǒu lì rú hǔ zhí pèi rú zǔ
有力如虎，执辔如组。

zuǒ shǒu zhí yuè yòu shǒu bǐng dí
左手执龠，右手秉翟。
hè rú wò zhě gōng yán xī jué
赫如渥赭，公言锡爵。

shān yǒu zhēn xí yǒu líng
山有榛，隰有苓。
yún shuí zhī sī xī fāng měi rén
云谁之思？西方美人。
bǐ měi rén xī xī fāng zhī rén xī
彼美人兮，西方之人兮。

quán shuǐ
泉水

bì bǐ quán shuǐ yì liú yú qí yǒu huái yú wèi mǐ rì bù sī luán bǐ zhū jī liáo yǔ zhī móu
毖彼泉水，亦流于淇。有怀于卫，靡日不思。娈彼诸姬，聊与之谋。

chū sù yú jǐ yǐn jiàn yú mí nǚ zǐ yǒu xíng yuǎn fù
出宿于泲，饮饯于祢。女子有行，远父

mǔ xiōng dì　wèn wǒ zhū gū　suì jí bó zǐ
母兄弟，问我诸姑，遂及伯姊。

chū sù yú gān　yǐn jiàn yú yán　zài zhī zài xiá　huán chē
出宿于干，饮饯于言。载脂载辖，还车
yán mài　chuán zhēn yú wèi　bù xiá yǒu hài
言迈。遄臻于卫，不瑕有害？

wǒ sī féi quán　zī zhī yǒng tàn　sī xū yǔ cáo　wǒ xīn
我思肥泉，兹之永叹。思须与漕，我心
yōu yōu　jià yán chū yóu　yǐ xiě wǒ yōu
悠悠。驾言出游，以写我忧。

běi mén
北门

chū zì běi mén　yōu xīn yīn yīn　zhōng jù qiě pín　mò zhī
出自北门，忧心殷殷。终窭且贫，莫知
wǒ jiān　yǐ yān zāi　tiān shí wéi zhī　wèi zhī hé zāi
我艰。已焉哉！天实为之，谓之何哉！

wáng shì shì wǒ　zhèng shì yì pí yì wǒ　wǒ rù zì wài
王事适我，政事一埤益我。我入自外，
shì rén jiāo biàn zhé wǒ　yǐ yān zāi　tiān shí wéi zhī　wèi zhī hé
室人交遍谪我。已焉哉！天实为之，谓之何
zāi
哉！

wáng shì dūn wǒ　zhèng shì yì pí yí wǒ　wǒ rù zì wài
王事敦我，政事一埤遗我。我入自外，
shì rén jiāo biàn cuī wǒ　yǐ yān zāi　tiān shí wéi zhī　wèi zhī hé
室人交遍摧我。已焉哉！天实为之，谓之何
zāi
哉！

běi fēng
北风

běi fēng qí liáng　yù xuě qí pāng　huì ér hǎo wǒ　xié shǒu
北风其凉，雨雪其雱。惠而好我，携手

tóng xíng qí shū shū qí xú xú jì jí zhǐ jū
同行。其虚（舒）其邪（徐）？既亟只且！

běi fēng qí jiē yǔ xuě qí fēi huì ér hǎo wǒ xié shǒu
北风其喈，雨雪其霏。惠而好我，携手
tóng guī qí shū shū qí xú xú jì jí zhǐ jū
同归。其虚（舒）其邪（徐）？既亟只且！

mò chì fēi fēi hú mò hēi fēi fēi wū
莫赤匪（非）狐，莫黑匪（非）乌。
huì ér hǎo wǒ xié shǒu tóng chē qí shū shū qí xú
惠而好我，携手同车。其虚（舒）其邪
xú jì jí zhǐ jū
（徐）？既亟只且！

jìng nǚ
静女

jìng nǚ qí shū sì wǒ yú chéng yú ài ér bú xiàn sāo
静女其姝，俟我于城隅。爱而不见，搔
shǒu chí chú
首踟蹰。

jìng nǚ qí luán yí wǒ tóng guǎn tóng guǎn yǒu wěi yuè
静女其娈，贻我彤管。彤管有炜，说
yuè yì rǔ rǔ měi
（悦）怿女（汝）美。

zì mù kuì kuì tí xún měi qiě yì fěi rǔ
自牧归（馈）荑，洵美且异。匪女
rǔ zhī wéi měi měi rén zhī yí
（汝）之为美，美人之贻。

xīn tái
新台

xīn tái yǒu cǐ hé shuǐ mí mí yàn wǎn zhī qiú qú chú
新台有泚，河水弥弥。燕婉之求，蘧篨
bù xiǎn
不鲜。

xīn tái yǒu cuǐ hé shuǐ měi měi yàn wǎn zhī qiú qú chú bù tiǎn
新台有洒，河水浼浼。燕婉之求，蘧篨不殄。

yú wǎng zhī shè hóng zé lí zhī yàn wǎn zhī qiú dé cǐ qī shī
鱼网之设，鸿则离之。燕婉之求，得此戚施。

èr zǐ chéng zhōu
二子乘舟

èr zǐ chéng zhōu fàn fàn qí jǐng yuàn yán sī zǐ zhōng xīn yǎng yǎng
二子乘舟，泛泛其景。愿言思子，中心养养！

èr zǐ chéng zhōu fàn fàn qí shì yuàn yán sī zǐ bù xiá yǒu hài
二子乘舟，泛泛其逝。愿言思子，不瑕有害？

guó fēng yōng fēng
国风 鄘风

bǎi zhōu
柏舟

fàn bǐ bǎi zhōu zài bǐ zhōng hé dàn bǐ liǎng máo shí wéi wǒ yí zhī sǐ shǐ mǐ tā mǔ yě tiān zhǐ bù liàng rén zhǐ
泛彼柏舟，在彼中河。髧彼两髦，实维我仪。之死矢靡它。母也天只，不谅人只！

fàn bǐ bǎi zhōu zài bǐ hé cè dàn bǐ liǎng máo shí wéi wǒ tè zhī sǐ shǐ mǐ tè mǔ yě tiān zhǐ bú liàng rén zhǐ
泛彼柏舟，在彼河侧。髧彼两髦，实维我特。之死矢靡慝。母也天只，不谅人只！

xiàng shǔ
相鼠

xiàng shǔ yǒu pí rén ér wú yí rén ér wú yí bù sǐ
相鼠有皮，人而无仪！人而无仪，不死
hé wéi
何为？

xiàng shǔ yǒu chǐ rén ór wú zhǐ rén ér wú zhǐ bù sǐ
相鼠有齿，人而无止！人而无止，不死
hé sì
何俟？

xiàng shǔ yǒu tǐ rén ér wú lǐ rén ér wú lǐ hú bù
相鼠有体，人而无礼，人而无礼！胡不
chuán sǐ
遄死？

gàn máo
干旄

jié jié gàn máo zài xùn zhī jiāo sù sī pí zhī liáng mǎ
孑孑干旄，在浚之郊。素丝纰之，良马
sì zhī bǐ shū zhě zǐ hé yǐ bì zhī
四之。彼姝者子，何以畀之？

jié jié gàn yú zài xùn zhī dū sù sī zǔ zhī liáng mǎ
孑孑干旟，在浚之都。素丝组之，良马
wǔ zhī bǐ shū zhě zǐ hé yǐ yǔ zhī
五之。彼姝者子，何以予之？

jié jié gàn jīng zài xùn zhī chéng sù sī zhù zhī liáng mǎ
孑孑干旌，在浚之城。素丝祝之，良马
liù zhī bǐ shū zhě zǐ hé yǐ gǔ zhī
六之。彼姝者子，何以告之？

zài chí
载驰

zài chí zài qū guī yàn wèi hóu qū mǎ yōu yōu yán zhì
载驰载驱，归唁卫侯。驱马悠悠，言至

yú cáo dà fū bá shè wǒ xīn zé yōu
于漕。大夫跋涉，我心则忧。

jì bù wǒ jiā bù néng xuán fǎn fǎn shì ěr bù
既不我嘉，不能旋反（返）。视尔不
zāng wǒ sī bù yuǎn
臧，我思不远。

jì bù wǒ jiā bù néng xuán jì shì ěr bù zāng wǒ sī
既不我嘉，不能旋济？视尔不臧，我思
bú bì
不閟。

zhì bǐ ē qiū yán cǎi qí méng nǚ zǐ shàn huái yì gè
陟彼阿丘，言采其蝱。女子善怀，亦各
yǒu xíng xǔ rén yóu zhī zhòng zhì qiě kuáng
有行。许人尤之，众稚且狂。

wǒ xíng qí yě péng péng qí mài kòng yú dà bāng shuí yīn
我行其野，芃芃其麦。控于大邦，谁因
shuí jí dà fū jūn zǐ wú wǒ yǒu yóu bǎi ěr suǒ sī bù
谁极？大夫君子，无我有尤。百尔所思，不
rú wǒ suǒ zhī
如我所之。

guó fēng wèi fēng
国风　卫风

shuò rén
硕人

shuò rén qí qí yì jǐn jiǒng yī qí hóu zhī zǐ wèi hóu
硕人其颀，衣锦褧衣。齐侯之子，卫侯
zhī qī dōng gōng zhī mèi xíng hóu zhī yí tán gōng wéi sī
之妻。东宫之妹，邢侯之姨，谭公维私。

shǒu rú róu tí fū rú níng zhī lǐng rú qiú qí chǐ rú
手如柔荑，肤如凝脂，领如蝤蛴，齿如
hù xī qín shǒu é méi qiǎo xiào qiàn xī měi mù pàn xī
瓠犀，螓首蛾眉，巧笑倩兮，美目盼兮。

shuò rén áo áo shuì shuì yú nóng jiāo sì mǔ yǒu
硕人敖敖，说（税）于农郊。四牡有
jiāo zhū fén biāo biāo dí fú yǐ cháo dà fū sù tuì wú shǐ
骄，朱幩镳镳。翟茀以朝。大夫夙退，无使
jūn láo
君劳。

hé shuǐ yáng yáng běi liú guo guō shī gū huò huò zhān wěi
河水洋洋，北流活活。施罛濊濊，鳣鲔
bō bō jiā tǎn jiē jiē shù jiāng niè niè shù shì yǒu qiè
发发。葭菼揭揭，庶姜孽孽，庶士有朅。

máng
氓

máng zhī chī chī bào bù mào sī fěi lái mào sī lái jí
氓之蚩蚩，抱布贸丝。匪来贸丝，来即
wǒ móu sòng zǐ shè qí zhì yú dùn qiū fěi wǒ qiān qī zǐ
我谋。送子涉淇，至于顿丘。匪我愆期，子
wú liáng méi qiāng zǐ wú nù qiū yǐ wéi qī
无良媒。将子无怒，秋以为期。

chéng bǐ guǐ yuán yǐ wàng fù guān bú jiàn fù guān qì
乘彼垝垣，以望复关。不见复关，泣
tì lián lián jì jiàn fù guān zài xiào zài yán ěr bǔ ěr shì
涕涟涟。既见复关，载笑载言。尔卜尔筮，
tǐ wú jiù yán yǐ ěr chē lái yǐ wǒ huì qiān
体无咎言。以尔车来，以我贿迁。

sāng zhī wèi luò qí yè wò ruò xū xū jiē jiū
桑之未落，其叶沃若。于（吁）嗟鸠
xī wú shí sāng shèn xū xū jiē nǚ xī wú yǔ shì
兮，无食桑葚。于（吁）嗟女兮！无与士
dān shì zhī dān xī yóu kě tuō tuō yě nǚ zhī dān
耽。士之耽兮，犹可说（脱）也。女之耽
xī bù kě tuō tuō yě
兮，不可说（脱）也。

sāng zhī luò yǐ, qí huáng ér yǔn. zì wǒ cú ěr, sān suì
桑之落矣，其黄而陨。自我徂尔，三岁
shí pín. qí shuǐ shāng shāng, jiān chē wéi cháng. nǚ yě bù shuǎng, shì
食贫。淇水汤汤，渐车帷裳。女也不爽，士
èr qí háng. shì yě wǎng jí, èr sān qí dé.
贰其行。士也罔极，二三其德。

sān suì wéi fù, mǐ shì láo yǐ. sù xīng yè mèi, mǐ yǒu zhāo
三岁为妇，靡室劳矣。夙兴夜寐，靡有朝
yǐ. yán jì suì yǐ, zhì yú bào yǐ. xiōng dì bù zhī, xì qí xiào
矣。言既遂矣，至于暴矣。兄弟不知，咥其笑
yǐ. jìng yán sī zhī, gōng zì dào yǐ.
矣。静言思之，躬自悼矣。

jí ěr xié lǎo, lǎo shǐ wǒ yuàn. qí zé yǒu àn, xí zé yǒu
及尔偕老，老使我怨。淇则有岸，隰则有
pàn. zǒng jiǎo zhī yàn, yán xiào yàn yàn, xìn shì dàn dàn, bù sī qí
泮。总角之宴，言笑晏晏，信誓旦旦，不思其
fǎn. fǎn shì bù sī, yì yǐ yān zāi!
反。反是不思，亦已焉哉！

zhú gān
竹竿

tì tì zhú gān, yǐ diào yú qí. qǐ bù ěr sī? yuǎn mò
籊籊竹竿，以钓于淇。岂不尔思？远莫
zhì zhī.
致之。

quán yuán zài zuǒ, qí shuǐ zài yòu. nǚ zǐ yǒu háng, yuǎn xiōng
泉源在左，淇水在右。女子有行，远兄
dì fù mǔ.
弟父母。

qí shuǐ zài yòu, quán yuán zài zuǒ. qiǎo xiào zhī cuō, pèi yù
淇水在右，泉源在左。巧笑之瑳，佩玉
zhī nuó.
之傩。

qí shuǐ yōu yōu guì jí sōng zhōu jià yán chū yóu yǐ xiě wǒ yōu

淇水滺滺，桧楫松舟。驾言出游，以写我忧。

hé guǎng

河广

shuí wèi hé guǎng yì wěi háng zhī shuí wèi sòng yuǎn qì yǔ wàng zhī

谁谓河广？一苇杭之。谁谓宋远？跂予望之。

shuí wèi hé guǎng céng bù róng dāo shuí wèi sòng yuǎn céng bù chóng zhāo

谁谓河广？曾不容刀。谁谓宋远？曾不崇朝。

bó xī

伯兮

bó xī qiè xī bāng zhī jié xī bó yě zhí shū wèi wáng qián qū

伯兮朅兮，邦之桀（杰）兮。伯也执殳，为王前驱。

zì bó zhī dōng shǒu rú fēi péng qǐ wú gāo mù shuí dí wèi róng

自伯之东，首如飞蓬。岂无膏沐，谁适为容？

qí yù qí yù gǎo gǎo chū rì yuàn yán sī bó gān xīn shǒu jí

其雨其雨，杲杲出日。愿言思伯，甘心首疾。

yān dé xuān cǎo yán shù zhī bèi yuàn yán sī bó shǐ wǒ xīn mèi

焉得谖草，言树之背。愿言思伯。使我心痗。

mù guā
木瓜

tóu wǒ yǐ mù guā，bào zhī yǐ qióng jū。fěi bào yě，yǒng yǐ wéi hǎo yě。
投我以木瓜，报之以琼琚。匪报也，永以为好也。

tóu wǒ yǐ mù táo，bào zhī yǐ qióng yáo。fěi bào yě，yǒng yǐ wéi hǎo yě。
投我以木桃，报之以琼瑶。匪报也，永以为好也。

tóu wǒ yǐ mù lǐ，bào zhī yǐ qióng jiǔ。fěi bào yě，yǒng yǐ wéi hǎo yě。
投我以木李，报之以琼玖。匪报也，永以为好也。

guó fēng　wáng fēng
国风　王风

shǔ lí
黍离

bǐ shǔ lí lí，bǐ jì zhī miáo。xíng mài mǐ mǐ，zhōng xīn yáo yáo。zhī wǒ zhě，wèi wǒ xīn yōu；bù zhī wǒ zhě，wèi wǒ hé qiú。yōu yōu cāng tiān，cǐ hé rén zāi！
彼黍离离，彼稷之苗。行迈靡靡，中心摇摇。知我者，谓我心忧；不知我者，谓我何求。悠悠苍天，此何人哉！

bǐ shǔ lí lí，bǐ jì zhī suì。xíng mài mǐ mǐ，zhōng xīn rú zuì。zhī wǒ zhě，wèi wǒ xīn yōu；bù zhī wǒ zhě，wèi wǒ hé qiú。yōu yōu cāng tiān，cǐ hé rén zāi！
彼黍离离，彼稷之穗。行迈靡靡，中心如醉。知我者，谓我心忧；不知我者，谓我何求。悠悠苍天，此何人哉！

bǐ shǔ lí lí，bǐ jì zhī shí。xíng mài mǐ mǐ，zhōng xīn
彼黍离离，彼稷之实。行迈靡靡，中心

rú yē zhī wǒ zhě wèi wǒ xīn yōu bù zhī wǒ zhě wèi wǒ
如噎。知我者，谓我心忧；不知我者，谓我
hé qiú yōu yōu cāng tiān cǐ hé rén zāi
何求。悠悠苍天，此何人哉！

jūn zǐ yú yì
君子于役

jūn zǐ yú yì bù zhī qí qī hé qí zhì zāi jī qī
君子于役，不知其期。曷其至哉？鸡栖
yú shí rì zhī xī yǐ yáng niú xià lái jūn zǐ yú yì rú
于埘，日之夕矣，羊牛下来。君子于役，如
zhī hé wù sī
之何勿思？

jūn zǐ yú yì bú rì bú yuè hé qí yǒu huó jī qī
君子于役，不日不月。曷其有佸？鸡栖
yú jié rì zhī xī yǐ yáng niú xià kuò jūn zǐ yú yì gǒu
于桀。日之夕矣，羊牛下括。君子于役，苟
wú jī kě
无饥渴？

tù yuán
兔爰

yǒu tù yuán yuán zhì lí yú luó wǒ shēng zhī chū shàng wú
有兔爰爰，雉离于罗。我生之初，尚无
wéi wǒ shēng zhī hòu féng cǐ bǎi lí shàng mèi wú é
位。我生之后，逢此百罹。尚寐无吪！

yǒu tù yuán yuán zhì lí yú fú wǒ shēng zhī chū shàng wú
有兔爰爰，雉离于罦。我生之初，尚无
zào wǒ shēng zhī hòu féng cǐ bǎi yōu shàng mèi wú jué
造。我生之后，逢此百忧。尚寐无觉。

yǒu tù yuán yuán zhì lí yú chōng wǒ shēng zhī chū shàng wú
有兔爰爰，雉离于罿。我生之初，尚无
yōng wǒ shēng zhī hòu féng cǐ bǎi xiōng shàng mèi wú cōng
庸。我生之后，逢此百凶。尚寐无聪。

cǎi gě
采葛

bǐ cǎi gě xī yí rì bú jiàn rú sān yuè xī
彼采葛兮，一日不见，如三月兮！
bǐ cǎi xiāo xī yí rì bú jiàn rú sān qiū xī
彼采萧兮，一日不见，如三秋兮！
bǐ cǎi ài xī yí rì bú jiàn rú sān suì xī
彼采艾兮！一日不见，如三岁兮！

dà chē
大车

dà chē kǎn kǎn cuì yī rú tǎn qǐ bù ěr sī wèi zǐ bù gǎn
大车槛槛，毳衣如菼。岂不尔思？畏子不敢。

dà chē tūn tūn cuì yī rú mén qǐ bù ěr sī wèi zǐ bù bēn
大车啍啍，毳衣如璊，岂不尔思？畏子不奔。

gǔ zé yì shì sǐ zé tóng xué wèi yú bú xìn yǒu rú jiǎo rì
榖则异室，死则同穴。谓予不信，有如皎日。

qiū zhōng yǒu má
丘中有麻

qiū zhōng yǒu má bǐ liú zǐ jiē bǐ liú zǐ jiē qiāng qí lái shī shī
丘中有麻，彼留子嗟。彼留子嗟，将其来施施。

qiū zhōng yǒu mài bǐ liú zǐ guó bǐ liú zǐ guó qiāng qí lái shí
丘中有麦，彼留子国。彼留子国，将其来食。

qiū zhōng yǒu lǐ bǐ liú zhī zǐ bǐ liú zhī zǐ yí wǒ
丘中有李，彼留之子。彼留之子，贻我
pèi jiǔ
佩玖。

guó fēng zhèng fēng
国风 郑风

qiāng zhòng zǐ
将仲子

qiāng zhòng zǐ xī wú yú wǒ lǐ wú zhé wǒ shù qǐ
将仲子兮，无逾我里，无折我树杞。
qǐ gǎn ài zhī wèi wǒ fù mǔ
岂敢爱之？畏我父母。
zhòng kě huái yě fù mǔ zhī yán yì kě wèi yě
仲可怀也，父母之言，亦可畏也。

qiāng zhòng zǐ xī wú yú wǒ qiáng wú zhé wǒ shù sāng
将仲子兮，无逾我墙，无折我树桑。
qǐ gǎn ài zhī wèi wǒ zhū xiōng
岂敢爱之？畏我诸兄。
zhòng kě huái yě zhū xiōng zhī yán yì kě wèi yě
仲可怀也，诸兄之言，亦可畏也。

qiāng zhòng zǐ xī wú yú wǒ yuán wú zhé wǒ shù tán
将仲子兮，无逾我园，无折我树檀。
qǐ gǎn ài zhī wèi rén zhī duō yán
岂敢爱之？畏人之多言。
zhòng kě huái yě rén zhī duō yán yì kě wèi yě
仲可怀也，人之多言，亦可畏也。

shū yú tián
叔于田

shū yú tián xiàng wú jū rén qǐ wú jū rén bù rú shū
叔于田，巷无居人。岂无居人？不如叔

yě xún měi qiě rén
也。洵美且仁。

shū yú shòu xiàng wú yǐn jiǔ qǐ wú yǐn jiǔ bù rú shū
叔于狩，巷无饮酒。岂无饮酒？不如叔
yě xún měi qiě hǎo
也。洵美且好。

shū shì yě xiàng wú fú mǎ qǐ wú fú mǎ bù rú shū
叔适野，巷无服马。岂无服马？不如叔
yě xún měi qiě wǔ
也。洵美且武。

dà shū yú tián
大叔于田

shū yú tián chéng shèng mǎ zhí pèi rú zǔ liǎng cān rú
叔于田，乘乘马。执辔如组，两骖如
wǔ shū zài sǒu huǒ liè jù jù jǔ tǎn tì bào hǔ
舞。叔在薮，火烈具（俱）举。袒裼暴虎，
xiàn yú gōng suǒ qiāng shū wù niǔ jiè qí shāng rǔ rǔ
献于公所。将叔勿狃，戒其伤女（汝）。

shū yú tián chéng shèng huáng liǎng fú shàng xiāng liǎng cān yàn
叔于田，乘乘黄。两服上襄，两骖雁
háng shū zài sǒu huǒ liè jù jù yáng shū shàn shè
行。叔在薮，火烈具（俱）扬。叔善射
jì yòu liáng yù jì yì qìng kòng jì yì zòng sòng jì
忌，又良御忌。抑磬控忌，抑纵送忌。

shū yú tián chéng shèng bǎo liǎng fú qí shǒu liǎng cān rú
叔于田，乘乘鸨。两服齐首，两骖如
shǒu shū zài sǒu huǒ liè jù jù fù shū mǎ màn jì
手。叔在薮，火烈具（俱）阜。叔马慢忌，
shū fā hǎn jì yì shì bīng jì yì chàng gōng jì
叔发罕忌，抑释掤忌，抑鬯弓忌。

qīng rén
清人

qīng rén zài péng sì jiè páng páng èr máo chóng yīng hé shàng hū áo xiáng

清人在彭，驷介旁旁。二矛重英，河上乎翱翔。

qīng rén zài xiāo sì jiè biāo biāo èr máo chóng jiāo jiāo hé shàng hū xiāo yáo

清人在消，驷介麃麃。二矛重乔（鷮），河上乎逍遥。

qīng rén zài zhóu sì jiè táo táo zuǒ xuán yòu chōu zhōng jūn zuò hǎo

清人在轴，驷介陶陶。左旋右抽，中军作好。

gāo qiú
羔裘

gāo qiú rú rú xún zhí qiě hóu bǐ qí zhī zǐ shě mìng bù yú

羔裘如濡，洵直且侯。彼其之子，舍命不渝。

gāo qiú bào shì kǒng wǔ yǒu lì bǐ qí zhī zǐ bāng zhī sī zhí

羔裘豹饰，孔武有力。彼其之子，邦之司直。

gāo qiú yàn xī sān yīng càn xī bǐ qí zhī zǐ bāng zhī yàn xī

羔裘晏兮，三英粲兮。彼其之子，邦之彦兮。

nǚ yuē jī míng
女曰鸡鸣

nǚ yuē jī míng shì yuē mèi dàn zǐ xīng shì yè míng xīng

女曰鸡鸣，士曰昧旦。子兴视夜，明星

yǒu làn jiāng áo jiāng xiáng yì fú yǔ yàn
有烂。将翱将翔，弋凫与雁。

yì yán jiā zhī yǔ zǐ yí zhī yí yán yǐn jiǔ yǔ zǐ
弋言加之，与子宜之。宜言饮酒，与子
xié lǎo qín sè zài yù mò bú jìng hǎo
偕老。琴瑟在御，莫不静好。

zhī zǐ zhī lái zhī zá pèi yǐ zèng zhī zhī zǐ zhī shùn
知子之来之，杂佩以赠之。知子之顺
zhī zá pèi yǐ wèn zhī zhī zǐ zhī hǎo zhī zá pèi yǐ bào
之，杂佩以问之。知子之好之，杂佩以报
zhī
之。

shān yǒu fú sū
山有扶苏

shān yǒu fú sū xí yǒu hè huā huā bú jiàn zǐ
山有扶苏，隰有荷华（花）。不见子
dū nǎi jiàn kuáng jū
都，乃见狂且。

shān yǒu qiáo sōng xí yǒu yóu lóng bú jiàn zǐ chōng nǎi jiàn
山有乔松，隰有游龙，不见子充，乃见
jiǎo tóng
狡童。

tuò xī
萚兮

tuò xī tuò xī fēng qí chuī rǔ rǔ shū xī bó
萚兮萚兮，风其吹女（汝）。叔兮伯
xī chàng yú hè rǔ rǔ
兮，倡予和女（汝）。

tuò xī tuò xī fēng qí piāo piāo rǔ rǔ shū
萚兮萚兮，风其漂（飘）女（汝）。叔
xī bó xī chàng yú yāo yāo rǔ rǔ
兮伯兮，倡予要（邀）女（汝）。

qiān cháng
褰裳

zi huì sī wǒ qiān cháng shè zhēn zǐ bù wǒ sī qǐ wú
子惠思我，褰裳涉溱。子不我思，岂无
tā rén kuáng tóng zhī kuáng yě jū
他人？狂童之狂也且！

zi huì sī wǒ qiān cháng shè wěi zǐ bù wǒ sī qǐ wú
子惠思我，褰裳涉洧。子不我思，岂无
tā shì kuáng tóng zhī kuáng yě jū
他士？狂童之狂也且！

dōng mén zhī shàn
东门之墠

dōng mén zhī shàn rú lú zài bǎn qí shì zé ěr qí rén
东门之墠，茹藘在阪。其室则迩，其人
shèn yuǎn
甚远。

dōng mén zhī lì yǒu jiàn jiā shì qǐ bù ěr sī zǐ bù
东门之栗，有践家室。岂不尔思？子不
wǒ jí
我即！

fēng yǔ
风雨

fēng yǔ qī qī jī míng jiē jiē jì jiàn jūn zǐ yún hú
风雨凄凄，鸡鸣喈喈，既见君子。云胡
bù yí
不夷？

fēng yǔ xiāo xiāo jī míng jiāo jiāo jì jiàn jūn zǐ yún hú
风雨潇潇，鸡鸣胶胶。既见君子，云胡
bù chōu
不瘳？

fēng yǔ rú huì jī míng bù yǐ jì jiàn jūn zǐ yún hú
风雨如晦，鸡鸣不已。既见君子，云胡

bù xǐ
不喜？

zǐ jīn
子衿

qīng qīng zǐ jīn, yōu yōu wǒ xīn. zòng wǒ bù wǎng, zǐ nìng
青青子衿，悠悠我心。纵我不往，子宁
bú yí (yí) yīn
不嗣（贻）音？

qīng qīng zǐ pèi, yōu yōu wǒ sī. zòng wǒ bù wǎng, zǐ nìng
青青子佩，悠悠我思。纵我不往，子宁
bù lái
不来？

tiāo xī tà xī, zài chéng què xī. yí rì bú jiàn, rú sān
挑兮达兮，在城阙兮。一日不见，如三
yuè xī
月兮。

chū qí dōng mén
出其东门

chū qí dōng mén, yǒu nǚ rú yún. suī zé rú yún. fěi wǒ
出其东门，有女如云。虽则如云。匪我
sī cún. gǎo yī qí jīn, liáo lè wǒ yún.
思存。缟衣綦巾，聊乐我员。

chū qí yīn dū, yǒu nǚ rú tú. suī zé rú tú, fěi wǒ sī
出其闉阇，有女如荼。虽则如荼，匪我思
jū. gǎo yī rú lǘ, liáo kě yǔ yú.
且。缟衣茹藘，聊可与娱。

yě yǒu màn cǎo
野有蔓草

yě yǒu màn cǎo, líng lù tuán xī. yǒu měi yì rén, qīng yáng
野有蔓草，零露漙兮。有美一人，清扬

wǎn xī　xiè hòu xiāng yù　shì wǒ yuàn xī
婉兮。邂逅相遇，适我愿兮。

yě yǒu màn cǎo　líng lù ráng ráng　yǒu měi yì rén　wǎn rú
野有蔓草，零露瀼瀼。有美一人，婉如
qīng yáng　xiè hòu xiāng yù　yǔ zǐ xié zāng
清扬。邂逅相遇，与子偕臧。

zhēn wěi
溱洧

zhēn yǔ wěi　fāng huàn huàn xī　shì yǔ nǚ　fāng bǐng jiān
溱与洧，方涣涣兮。士与女，方秉蕑
xī　nǚ yuē guān hū　shì yuē jì cú　cú　qiě wǎng guān
兮。女曰观乎？士曰既且（徂）。且往观
hū　wěi zhī wài　xún xū qiě lè　wéi shì yǔ nǚ　yī qí xiāng
乎？洧之外，洵訏且乐。维士与女，伊其相
xuè　zèng zhī yǐ sháo yào
谑，赠之以勺药。

zhēn yǔ wěi　liú qí qīng yǐ　shì yǔ nǚ　yīn qí yíng
溱与洧，浏其清矣。士与女，殷其盈
yǐ　nǚ yuē guān hū　shì yuē jì cú　cú　qiě wǎng guān
矣。女曰观乎？士曰既且（徂）。且往观
hū　wěi zhī wài　xún xū qiě lè　wéi shì yǔ nǚ　yī qí jiāng
乎？洧之外，洵訏且乐。维士与女，伊其将
xuè　zèng zhī yǐ sháo yào
谑，赠之以勺药。

guó fēng　qí fēng
国风　齐风

jī míng
鸡鸣

jī jì míng yǐ　cháo jì yíng yǐ　fěi jī zé míng　cāng yíng
鸡既鸣矣，朝既盈矣。匪鸡则鸣，苍蝇
zhī shēng
之声。

dōng fāng míng yǐ, cháo jì chāng yǐ. fěi dōng fāng zé míng, yuè chū zhī guāng.

东方明矣，朝既昌矣。匪东方则明，月出之光。

chóng fēi hōng hōng, gān yǔ zǐ tóng mèng. huì qiě guī yǐ, wú shù yú zǐ zēng.

虫飞薨薨，甘与子同梦。会且归矣，无庶予子憎。

dōng fāng wèi míng
东方未明

dōng fāng wèi míng, diān dǎo yī cháng. diān zhī dǎo zhī, zì gōng zhào zhī.

东方未明，颠倒衣裳。颠之倒之，自公召之。

dōng fāng wèi xī, diān dǎo cháng yī. dǎo zhī diān zhī, zì gōng lìng zhī.

东方未晞，颠倒裳衣。倒之颠之，自公令之。

zhé liǔ fán pǔ, kuáng fū jù jù. bù néng chén yè, bú sù zé mù (mù).

折柳樊圃，狂夫瞿瞿。不能辰夜，不夙则莫（暮）。

fǔ tián
甫田

wú tián fǔ tián, wéi yǒu jiāo jiāo. wú sī yuǎn rén, láo xīn dāo dāo.

无田甫田，维莠骄骄。无思远人，劳心忉忉。

wú tián fǔ tián, wéi yǒu jié jié. wú sī yuǎn rén, láo xīn dá dá.

无田甫田，维莠桀桀。无思远人，劳心怛怛。

wǎn xī luán xī zǒng jiǎo guàn xī wèi jǐ jiàn xī tū ér
婉兮娈兮，总角丱兮。未几见兮，突而
biàn xī
弁兮！

guó fēng wèi fēng
国风 魏风

gě jù
葛屦

jiū jiū gě jù kě yǐ lǚ shuāng shān shān nǚ shǒu kě yǐ
纠纠葛屦，可以履霜。掺掺女手，可以
féng cháng yāo zhī jí zhī hǎo rén fú zhī
缝裳。要之襋之，好人服之。

hǎo rén tí tí wǎn rán zuǒ bì pèi qí xiàng tì wéi shì
好人提提，宛然左辟，佩其象揥。维是
biǎn xīn shì yǐ wéi cì
褊心，是以为刺。

yuán yǒu táo
园有桃

yuán yǒu táo qí shí zhī yáo yáo xīn zhī yōu yǐ
园有桃，其实之殽（肴）。心之忧矣，
wǒ gē qiě yáo bù zhī wǒ zhě wèi wǒ shì yě jiāo bǐ rén shì
我歌且谣。不知我者，谓我士也骄。彼人是
zāi zǐ yuē hé qí xīn zhī yōu yǐ qí shuí zhī zhī qí shuí
哉，子曰何其？心之忧矣，其谁知之？其谁
zhī zhī hé hé yì wù sī
知之，盖（盍）亦勿思！

yuán yǒu jí qí shí zhī shí xīn zhī yōu yǐ liáo yǐ xíng
园有棘，其实之食。心之忧矣，聊以行
guó bù zhī wǒ zhě wèi wǒ shì yě wǎng jí bǐ rén shì zāi
国。不知我者，谓我士也罔极。彼人是哉，
zǐ yuē hé qí xīn zhī yōu yǐ qí shuí zhī zhī qí shuí zhī
子曰何其？心之忧矣，其谁知之？其谁知

zhī hé hé yì wù sī
之，盖（盍）亦勿思！

zhì hù
陟岵

zhì bǐ hù xī zhān wàng fù xī fù yuē jiē yú zǐ xíng yì sù yè wú yǐ shàng shèn zhān zāi yóu lái wú zhǐ
陟彼岵兮，瞻望父兮。父曰嗟，予子行役，夙夜无已。上慎旃哉，犹来无止！

zhì bǐ qǐ xī zhān wàng mǔ xī mǔ yuē jiē yú jì xíng yì sù yè wú mèi shàng shèn zhān zāi yóu lái wú qì
陟彼屺兮，瞻望母兮。母曰嗟，予季行役，夙夜无寐。上慎旃哉，犹来无弃！

zhì bǐ gāng xī zhān wàng xiōng xī xiōng yuē jiē yú dì xíng yì sù yè bì xié shàng shèn zhān zāi yóu lái wú sǐ
陟彼冈兮，瞻望兄兮。兄曰嗟，予弟行役，夙夜必偕。上慎旃哉，犹来无死！

shí mǔ zhī jiān
十亩之间

shí mǔ zhī jiān xī sāng zhě xián xián xī xíng yǔ zǐ huán xī
十亩之间兮，桑者闲闲兮，行与子还兮。

shí mǔ zhī wài xī sāng zhě yì yì xī xíng yǔ zǐ shì xī
十亩之外兮，桑者泄泄兮，行与子逝兮。

fá tán
伐檀

kǎn kǎn fá tán xī zhì zhī hé zhī gān xī hé shuǐ qīng qiě lián yī bú jià bú sè hú qǔ hé sān bǎi chán xī bú shòu bú
坎坎伐檀兮，寘之河之干兮。河水清且涟猗。不稼不穑，胡取禾三百廛兮？不狩不

liè hú zhān ěr tíng yǒu xuán xuán huán xī bǐ jūn zǐ xī
猎，胡瞻尔庭有县（悬）貆兮？彼君子兮，
bú sù cān xī
不素餐兮！

kǎn kǎn fá fú xī zhì zhī hé zhī cè xī hé shuǐ qīng qiě
坎坎伐辐兮，寘之河之侧兮。河水清且
zhí yī bú jià bú sè hú qǔ hé sān bǎi yì xī bú shòu bú
直猗。不稼不穑，胡取禾三百亿兮？不狩不
liè hú zhān ěr tíng yǒu xuán xuán tè xī bǐ jūn zǐ xī
猎，胡瞻尔庭有县（悬）特兮？彼君子兮，
bú sù shí xī
不素食兮！

kǎn kǎn fá lún xī zhì zhī hé zhī chún xī hé shuǐ qīng qiě
坎坎伐轮兮，寘之河之漘兮。河水清且
lún yī bú jià bú sè hú qǔ hé sān bǎi qūn xī bú shòu bú
沦猗。不稼不穑，胡取禾三百囷兮？不狩不
liè hú zhān ěr tíng yǒu xuán xuán chún xī bǐ jūn zǐ xī
猎，胡瞻尔庭有县（悬）鹑兮？彼君子兮，
bú sù sūn xī
不素飧兮！

shuò shǔ
硕鼠

shuò shǔ shuò shǔ wú shí wǒ shǔ sān suì guàn rǔ mò wǒ
硕鼠硕鼠，无食我黍！三岁贯女，莫我
kěn gù shì jiāng qù rǔ shì bǐ lè tǔ lè tǔ lè tǔ yuán
肯顾。逝将去女，适彼乐土。乐土乐土，爰
dé wǒ suǒ
得我所。

shuò shǔ shuò shǔ wú shí wǒ mài sān suì guàn rǔ mò wǒ
硕鼠硕鼠，无食我麦！三岁贯女，莫我
kěn dé shì jiāng qù rǔ shì bǐ lè guó lè guó lè guó yuán
肯德。逝将去女，适彼乐国。乐国乐国，爰

dé wǒ zhí
得我直。

shuò shǔ shuò shǔ wú shí wǒ miáo sān suì guàn rǔ mò wǒ
硕鼠硕鼠，无食我苗！三岁贯女，莫我
kěn láo shì jiāng qù rǔ shì bǐ lè jiāo lè jiāo lè jiāo shuí
肯劳。逝将去女，适彼乐郊。乐郊乐郊，谁
zhī yǒng háo
之永号？

guó fēng táng fēng
国风 唐风

xī shuài
蟋蟀

xī shuài zài táng suì yù qí mù mù jīn wǒ bú
蟋蟀在堂，岁聿其莫（暮）。今我不
lè rì yuè qí chú wú yǐ tài tài kāng zhí sī qí
乐，日月其除。无已大（太）康，职思其
jū hào lè wú huāng liáng shì jù jù
居。好乐无荒，良士瞿瞿。

xī shuài zài táng suì yù qí shì jīn wǒ bú lè rì yuè
蟋蟀在堂，岁聿其逝。今我不乐，日月
qí mài wú yǐ tài tài kāng zhí sī qí wài hào lè wú
其迈。无已大（太）康，职思其外。好乐无
huāng liáng shì jué jué
荒，良士蹶蹶。

xī shuài zài táng yì chē qí xiū jīn wǒ bú lè rì yuè
蟋蟀在堂，役车其休。今我不乐，日月
qí tāo wú yǐ tài tài kāng zhí sī qí yōu hào lè wú
其慆。无以大（太）康。职思其忧。好乐无
huāng liáng shì xiū xiū
荒，良士休休。

chóu móu

绸缪

chóu móu shù xīn sān xīng zài tiān jīn xī hé xī jiàn cǐ

绸缪束薪，三星在天。今夕何夕，见此

liáng rén zǐ xī zǐ xī rú cǐ liáng rén hé

良人？子兮子兮，如此良人何？

chóu móu shù chú sān xīng zài yú jīn xī hé xī jiàn cǐ

绸缪束刍，三星在隅。今夕何夕，见此

xiè hòu zǐ xī zǐ xī rú cǐ xiè hòu hé

邂逅？子兮子兮，如此邂逅何？

chóu móu shù chǔ sān xīng zài hù jīn xī hé xī jiàn cǐ

绸缪束楚，三星在户。今夕何夕，见此

càn zhě zǐ xī zǐ xī rú cǐ càn zhě hé

粲者？子兮子兮，如此粲者何？

bǎo yǔ

鸨羽

sù sù bǎo yǔ jí yú bāo xǔ wáng shì mǐ gǔ bù néng

肃肃鸨羽，集于苞栩。王事靡盬，不能

yì jì shǔ fù mǔ hé hù yōu yōu cāng tiān hé qí yǒu suǒ

蓺稷黍。父母何怙？悠悠苍天，曷其有所？

sù sù bǎo yì jí yú bāo jí wáng shì mǐ gǔ bù néng

肃肃鸨翼，集于苞棘。王事靡盬，不能

yì shǔ jì fù mǔ hé shí yōu yōu cāng tiān hé qí yǒu jí

蓺黍稷。父母何食？悠悠苍天，曷其有极？

sù sù bǎo háng jí yú bāo sāng wáng shì mǐ gǔ bù néng

肃肃鸨行，集于苞桑，王事靡盬，不能

yì dào liáng fù mǔ hé cháng yōu yōu cāng tiān hé qí yǒu cháng

蓺稻粱。父母何尝？悠悠苍天，曷其有常？

gě shēng

葛生

gě shēng méng chǔ liǎn màn yú yě yú měi wáng cǐ shuí

葛生蒙楚，蔹蔓于野。予美亡此，谁

yǔ dú chǔ
与独处？

gě shēng méng jí liǎn màn yú yù yú měi wáng cǐ shuí
葛生蒙棘，蔹蔓于域。予美亡此，谁

yǔ dú xī
与独息？

jiǎo zhěn càn xī jǐn qīn làn xī yú měi wáng cǐ shuí yǔ
角枕粲兮，锦衾烂兮。予美亡此，谁与

dú dàn
独旦？

xià zhī rì dōng zhī yè bǎi suì zhī hòu guī yú qí
夏之日，冬之夜。百岁之后，归于其

jū
居。

dōng zhī yè xià zhī rì bǎi suì zhī hòu guī yú qí
冬之夜，夏之日。百岁之后，归于其

shì
室。

cǎi líng
采苓

cǎi líng cǎi líng shǒu yáng zhī diān rén zhī wěi wěi
采苓采苓，首阳之巅。人之为（伪）

yán gǒu yì wú xìn shě zhān shě zhān gǒu yì wú rán rén zhī
言，苟亦无信。舍旃舍旃，苟亦无然。人之

wěi wěi yán hú dé yān
为（伪）言，胡得焉？

cǎi kǔ cǎi kǔ shǒu yáng zhī xià rén zhī wěi wěi
采苦采苦，首阳之下。人之为（伪）

yán gǒu yì wú yù shě zhān shě zhān gǒu yì wú rán rén zhī
言，苟亦无与。舍旃舍旃，苟亦无然。人之

wěi wěi yán hú dé yān
为（伪）言，胡得焉？

cǎi fèng cǎi fèng shǒu yáng zhī dōng rén zhī wěi wěi
采葑采葑，首阳之东。人之为（伪）
yán gǒu yì wú cóng shě zhān shě zhān gǒu yì wú rán rén zhī
言，苟亦无从。舍旃舍旃，苟亦无然。人之
wěi wěi yán hú dé yān
为（伪）言，胡得焉？

guó fēng qín fēng
国风 秦风

sì tiě
驷驖

sì tiě kǒng fù liù pèi zài shǒu gōng zhī mèi zǐ cóng gōng
驷驖孔阜，六辔在手。公之媚子，从公
yú shòu
于狩。

fèng shí chén mǔ chén mǔ kǒng shuò gōng yuē zuǒ zhī shě bá
奉时辰牡，辰牡孔硕。公曰左之，舍拔
zé huò
则获。

yóu yú běi yuán sì mǎ jì xián yóu chē luán biāo zài xiǎn
游于北园，四马既闲。輶车鸾镳，载猃
xiē jiāo
歇骄。

jiān jiā
蒹葭

jiān jiā cāng cāng bái lù wéi shuāng suǒ wèi yī rén zài shuǐ
蒹葭苍苍，白露为霜。所谓伊人，在水
yì fāng sù huí cóng zhī dào zǔ qiě cháng sù yóu cóng zhī wǎn
一方。溯洄从之，道阻且长。溯游从之，宛
zài shuǐ zhōng yāng
在水中央。

jiān jiā qī qī bái lù wèi xī suǒ wèi yī rén zài shuǐ
蒹葭萋萋，白露未晞。所谓伊人，在水
zhī méi sù huí cóng zhī dào zǔ qiě jī sù yóu cóng zhī wǎn
之湄。溯洄从之，道阻且跻。溯游从之，宛
zài shuǐ zhōng chí
在水中坻。

jiān jiā cǎi cǎi bái lù wèi yǐ suǒ wèi yī rén zài shuǐ
蒹葭采采，白露未已。所谓伊人，在水
zhī sì sù huí cóng zhī dào zǔ qiě yòu sù yóu cóng zhī wǎn
之涘。溯洄从之，道阻且右。溯游从之，宛
zài shuǐ zhōng zhǐ
在水中沚。

zhōng nán
终南

zhōng nán hé yǒu yǒu tiáo yǒu méi jūn zǐ zhì zhǐ jǐn yī
终南何有？有条有梅。君子至止，锦衣
hú qiú yán rú wò dān qí jūn yě zāi
狐裘。颜如渥丹，其君也哉！

zhōng nán hé yǒu yǒu jì yǒu táng jūn zǐ zhì zhǐ fú yī
终南何有？有纪有堂。君子至止，黻衣
xiù cháng pèi yù qiāng qiāng qiāng qiāng shòu kǎo bú wàng
绣裳。佩玉将将（锵锵），寿考不忘！

huáng niǎo
黄鸟

jiāo jiāo huáng niǎo zhǐ yú jí shuí cóng mù gōng zǐ chē yǎn
交交黄鸟，止于棘。谁从穆公？子车奄
xī wéi cǐ yǎn xī bǎi fū zhī tè lín qí xué zhuì zhuì qí
息。维此奄息，百夫之特。临其穴，惴惴其
lì bǐ cāng zhě tiān jiān wǒ liáng rén rú kě shú xī rén bǎi
栗。彼苍者天，歼我良人！如可赎兮，人百
qí shēn
其身！

jiāo jiāo huáng niǎo zhǐ yú sāng shuí cóng mù gōng zǐ chē
交交黄鸟，止于桑。谁从穆公？子车
zhòng háng wéi cǐ zhòng háng bǎi fū zhī fáng lín qí xué zhuì
仲行。维此仲行，百夫之防。临其穴，惴
zhuì qí lì bǐ cāng zhě tiān jiān wǒ liáng rén rú kě shú xī
惴其栗。彼苍者天，歼我良人！如可赎兮，
rén bǎi qí shēn
人百其身！

jiāo jiāo huáng niǎo zhǐ yú chǔ shuí cóng mù gōng zǐ chē qián
交交黄鸟，止于楚。谁从穆公？子车鍼
hǔ wéi cǐ qián hǔ bǎi fū zhī yù lín qí xué zhuì zhuì qí lì
虎。维此鍼虎，百夫之御。临其穴，惴惴其栗。
bǐ cāng zhě tiān jiān wǒ liáng rén rú kě shú xī rén bǎi qí shēn
彼苍者天，歼我良人！如可赎兮，人百其身！

chén fēng
晨风

yù bǐ chén fēng yù bǐ běi lín wèi jiàn jūn zǐ yōu xīn
鴥彼晨风，郁彼北林。未见君子，忧心
qīn qīn rú hé rú hé wàng wǒ shí duō
钦钦。如何如何，忘我实多！

shān yǒu bāo lì xí yǒu liù bó wèi jiàn jūn zǐ yōu xīn
山有苞栎，隰有六駮。未见君子，忧心
mǐ lè rú hé rú hé wàng wǒ shí duō
靡乐。如何如何，忘我实多！

shān yǒu bāo dì xí yǒu shù suì wèi jiàn jūn zǐ yōu xīn
山有苞棣，隰有树檖。未见君子，忧心
rú zuì rú hé rú hé wàng wǒ shí duō
如醉。如何如何，忘我实多！

wú yī
无衣

qǐ yuē wú yī yǔ zǐ tóng páo wáng yú xīng shī xiū wǒ
岂曰无衣？与子同袍。王于兴师，修我

gē máo yǔ zǐ tóng chóu
戈矛。与子同仇！

qǐ yuē wú yī yǔ zǐ tóng zé wáng yú xīng shī xiū wǒ
岂曰无衣？与子同泽。王于兴师，修我
máo jǐ yǔ zǐ xié zuò
矛戟。与子偕作！

qǐ yuē wú yī yǔ zǐ tóng cháng wáng yú xīng shī xiū wǒ
岂曰无衣？与子同裳。王于兴师，修我
jiǎ bīng yǔ zǐ xié xíng
甲兵。与子偕行！

guó fēng chén fēng
国风　陈风

wǎn qiū
宛丘

zǐ zhī dàng xī wǎn qiū zhī shàng xī xún yǒu qíng xī ér
子之汤兮，宛丘之上兮。洵有情兮，而
wú wàng xī
无望兮。

kǎn qí jī gǔ wǎn qiū zhī xià wú dōng wú xià zhí qí
坎其击鼓，宛丘之下。无冬无夏，值其
lù yǔ
鹭羽。

kǎn qí jī fǒu wǎn qiū zhī dào wú dōng wú xià zhí qí
坎其击缶，宛丘之道。无冬无夏，值其
lù dào
鹭翿。

dōng mén zhī fén
东门之枌

dōng mén zhī fén wǎn qiū zhī xǔ zǐ zhòng zhī zǐ pó suō
东门之枌，宛丘之栩。子仲之子，婆娑
qí xià
其下。

gǔ dàn yú chāi nán fāng zhī yuán bú jì qí má shì yě
榖旦于差，南方之原。不绩其麻，市也
pó suō
婆娑。

gǔ dàn yú shì yuè yǐ zōng mài shì ěr rú qiáo yí wǒ
榖旦于逝，越以鬷迈。视尔如荍，贻我
wò jiāo
握椒。

héng mén
衡门

héng mén zhī xià kě yǐ qī chí bì zhī yáng yáng kě yǐ
衡门之下，可以栖迟。泌之洋洋，可以
lè jī
乐饥。

qǐ qí shí yú bì hé zhī fáng qǐ qí qǔ qī bì qí
岂其食鱼，必河之鲂？岂其取妻，必齐
zhī jiāng
之姜？

qǐ qí shí yú bì hé zhī lǐ qǐ qí qǔ qī bì sòng
岂其食鱼，必河之鲤？岂其取妻，必宋
zhī zǐ
之子？

dōng mén zhī chí
东门之池

dōng mén zhī chí kě yǐ òu má bǐ měi shū jī kě yǔ
东门之池，可以沤麻。彼美淑姬，可与
wù gē
晤歌。

dōng mén zhī chí kě yǐ òu zhù bǐ měi shū jī kě yǔ
东门之池，可以沤纻。彼美淑姬，可与
wù yǔ
晤语。

dōng mén zhī chí　kě yǐ òu jiān　bǐ měi shū jī　kě yǔ wù yán

东门之池，可以沤菅。彼美淑姬，可与晤言。

dōng mén zhī yáng

东门之杨

dōng mén zhī yáng　qí yè zāng zāng　hūn yǐ wéi qī　míng xīng huánghuáng

东门之杨，其叶牂牂。昏以为期，明星煌煌。

dōng mén zhī yáng　qí yè pèi pèi　hūn yǐ wéi qī　míng xīng zhé zhé

东门之杨，其叶肺肺。昏以为期，明星晢晢。

mù mén

墓门

mù mén yǒu jí　fǔ yǐ sī zhī　fú yě bù liáng　guó rén zhī zhī　zhī ér bù yǐ　shuí xī rán yǐ

墓门有棘，斧以斯之。夫也不良，国人知之。知而不已，谁昔然矣。

mù mén yǒu méi　yǒu xiāo cuì zhǐ　fú yě bù liáng　gē yǐ xùn zhī　xùn yú bú gù　diān dǎo sī yú

墓门有梅，有鸮萃止。夫也不良，歌以讯之。讯予不顾，颠倒思予。

fáng yǒu què cháo

防有鹊巢

fáng yǒu què cháo　qióng yǒu zhǐ tiáo　shuí zhōu yú měi　xīn yān dāo dāo

防有鹊巢，邛有旨苕。谁侜予美？心焉忉忉。

zhōng táng yǒu pì qióng yǒu zhǐ yì shuí zhōu yú měi xīn yān tì tì
中唐有甓，邛有旨鹝。谁侜予美？心焉惕惕。

yuè chū
月出

yuè chū jiǎo xī jiǎo rén liǎo xī shū yǎo jiǎo xī láo xīn qiǎo xī
月出皎兮。佼人僚兮。舒窈纠兮。劳心悄兮。

yuè chū hào xī jiǎo rén liǔ xī shū yōu shòu xī láo xīn sāo xī
月出皓兮。佼人懰兮。舒忧受兮。劳心慅兮。

yuè chū zhào xī jiǎo rén liáo xī shū yāo shào xī láo xīn cǎn xī
月出照兮。佼人燎兮。舒夭绍兮。劳心惨兮。

guó fēng guì fēng
国风 桧风

sù guān
素冠

shù jiàn sù guān xī jí rén luán luán xī láo xīn tuán tuán xī
庶见素冠兮，棘人栾栾兮。劳心慱慱兮。

shù jiàn sù yī xī wǒ xīn shāng bēi xī liáo yǔ zǐ tóng guī xī
庶见素衣兮，我心伤悲兮。聊与子同归兮。

shù jiàn sù bì xī wǒ xīn yùn jié xī liáo yǔ zǐ rú yī
庶见素韠兮，我心蕴结兮。聊与子如一

xī
兮。

xí yǒu cháng chǔ
隰有苌楚

xí yǒu cháng chǔ ē ē nuó nuó qí zhī yāo
隰有苌楚，猗（婀）傩（娜）其枝，夭
zhī wò wò lè zǐ zhī wú zhī
之沃沃，乐子之无知。
xí yǒu cháng chǔ ē ē nuó nuó qí huā yāo
隰有苌楚，猗（婀）傩（娜）其华，夭
zhī wò wò lè zǐ zhī wú jiā
之沃沃。乐子之无家。
xí yǒu cháng chǔ ē ē nuó nuó qí shí yāo
隰有苌楚，猗（婀）傩（娜）其实，夭
zhī wò wò lè zǐ zhī wú shì
之沃沃。乐子之无室。

fěi fēng
匪风

fěi bǐ fēng fā xī fěi bǐ chē jié xī gù
匪（彼）风发兮，匪（彼）车偈兮。顾
zhān zhōu dào zhōng xīn dá xī
瞻周道，中心怛兮。
fěi bǐ fēng piāo xī fěi bǐ chē piào xī gù
匪（彼）风飘兮，匪（彼）车嘌兮。顾
zhān zhōu dào zhōng xīn diào xī
瞻周道，中心吊兮。
shuí néng pēng pēng yú gài zhī fǔ xín shuí jiāng xī
谁能亨（烹）鱼？溉之釜鬵。谁将西
guī huái zhī hǎo yīn
归？怀之好音。

guó fēng　cáo fēng
国风　曹风

fú yóu
蜉蝣

fú yóu zhī yǔ，yī cháng chǔ chǔ。xīn zhī yōu yǐ，yú wǒ guī chù。
蜉蝣之羽，衣裳楚楚。心之忧矣，于我归处。

fú yóu zhī yì，cǎi cǎi yī fú。xīn zhī yōu yǐ，yú wǒ guī xī。
蜉蝣之翼，采采衣服。心之忧矣，于我归息。

fú yóu jué xué（xué），má yī rú xuě。xīn zhī yōu yǐ，yú wǒ guī shuō。
蜉蝣掘阅（穴），麻衣如雪。心之忧矣，于我归说。

hòu rén
候人

bǐ hòu rén xī，hè（hè）gē yǔ duì。bǐ jí zhī zǐ，sān bǎi chì fú。
彼候人兮，何（荷）戈与祋。彼其之子，三百赤芾。

wéi tí zài liáng，bù rú qí yì。bǐ jí zhī zǐ，bú chèn qí fú。
维鹈在梁，不濡其翼。彼其之子，不称其服。

wéi tí zài liáng，bù rú qí zhòu。bǐ jí zhī zǐ，bú suì qí gòu。
维鹈在梁，不濡其咮。彼其之子，不遂其媾。

huì xī wèi xī，nán shān zhāo jī。wǎn xī luán xī，jì nǚ
荟兮蔚兮，南山朝隮。婉兮娈兮，季女

sī jī
斯饥。

shī jiū
鸤鸠

shī jiū zài sāng qí zǐ qī xī shū rén jūn zǐ qí yí
鸤鸠在桑，其子七兮。淑人君子，其仪
yī xī qí yí yī xī xīn rú jié xī
一兮。其仪一兮，心如结兮。

shī jiū zài sāng qí zǐ zài méi shū rén jūn zǐ qí dài
鸤鸠在桑，其子在梅。淑人君子，其带
yī sī qí dài yī sī qí biàn yī qí
伊丝。其带伊丝，其弁伊骐。

shī jiū zài sāng qí zǐ zài jí shū rén jūn zǐ qí yí
鸤鸠在桑，其子在棘。淑人君子，其仪
bú tè qí yí bú tè zhèng shì sì guó
不忒。其仪不忒，正是四国。

shī jiū zài sāng qí zǐ zài zhēn shū rén jūn zǐ zhèng shì
鸤鸠在桑，其子在榛。淑人君子，正是
guó rén zhèng shì guó rén hú bú wàn nián
国人。正是国人。胡不万年？

guó fēng bīn fēng
国风　豳风

dōng shān
东山

wǒ cú dōng shān tāo tāo bù guī wǒ lái zì dōng líng yǔ
我徂东山，慆慆不归。我来自东，零雨
qí méng wǒ dōng yuē guī wǒ xīn xī bēi zhì bǐ cháng yī
其濛。我东曰归，我心西悲。制彼裳衣，
wù shì xián xián méi yuān yuān zhě zhú zhēng zài sāng yě dūn
勿士行（衔）枚。蜎蜎者蠋，烝在桑野。敦
bǐ dú sù yì zài chē xià
彼独宿，亦在车下。

wǒ cú dōng shān tāo tāo bù guī wǒ lái zì dōng líng yǔ
我徂东山，慆慆不归。我来自东，零雨
qí méng guǒ luǒ zhī shí yì yì yú yǔ yī wēi zài shì xiāo
其濛。果蠃之实，亦施于宇。伊威在室，蟏
shāo zài hù tiǎn tuǎn lù chǎng yì yào xiāo xíng bù kě wèi yě
蛸在户。町畽鹿场，熠耀宵行。不可畏也，
yī kě huái yě
伊可怀也。

wǒ cú dōng shān tāo tāo bù guī wǒ lái zì dōng líng yǔ
我徂东山，慆慆不归。我来自东，零雨
qí méng guàn míng yú dié fù tàn yú shì sǎ sǎo qióng zhì wǒ
其濛。鹳鸣于垤，妇叹于室。洒扫穹窒，我
zhēng yù zhì yǒu dūn guā kǔ zhēng zài lì xīn zì wǒ bú jiàn
征聿至。有敦瓜苦，烝在栗薪。自我不见，
yú jīn sān nián
于今三年。

wǒ cú dōng shān tāo tāo bù guī wǒ lái zì dōng líng yǔ
我徂东山，慆慆不归。我来自东，零雨
qí méng cāng gēng yú fēi yì yào qí yǔ zhī zǐ yú guī huáng
其濛。仓庚于飞，熠耀其羽。之子于归，皇
bó qí mǎ qīn jié qí lí jiǔ shí qí yí qí xīn kǒng jiā
驳其马。亲结其缡，九十其仪。其新孔嘉，
qí jiù rú zhī hé
其旧如之何？

pò fǔ
破斧

jì pò wǒ fǔ yòu quē wǒ qiāng zhōu gōng dōng zhēng sì guó
既破我斧，又缺我斨。周公东征，四国
shì huáng āi wǒ rén sī yì kǒng zhī jiāng
是皇。哀我人斯，亦孔之将。

jì pò wǒ fǔ yòu quē wǒ qí zhōu gōng dōng zhēng sì guó
既破我斧，又缺我锜。周公东征，四国
shì é āi wǒ rén sī yì kǒng zhī jiā
是吪。哀我人斯，亦孔之嘉。

jì pò wǒ fǔ yòu quē wǒ qiú zhōu gōng dōng zhēng sì guó shì qiú āi wǒ rén sī yì kǒng zhī xiū

既破我斧，又缺我銶。周公东征，四国是遒。哀我人斯，亦孔之休。

láng bá

狼跋

láng bá qí hú zài zhì qí wěi gōng sūn shuò fū chì xì jī jī

狼跋其胡，载疐其尾。公孙硕肤，赤舄几几。

láng zhì qí wěi zài bá qí hú gōng sūn shuò fū dé yīn bù xiá

狼疐其尾，载跋其胡。公孙硕肤，德音不瑕？

xiǎo yǎ shǒu

小雅21首

lù míng zhī shí

鹿鸣之什

lù míng

鹿鸣

yōu yōu lù míng shí yě zhī píng wǒ yǒu jiā bīn gǔ sè chuī shēng chuī shēng gǔ huáng chéng kuāng shì jiāng rén zhī hào wǒ shì shì wǒ zhōu háng

呦呦鹿鸣，食野之苹。我有嘉宾，鼓瑟吹笙。吹笙鼓簧，承筐是将。人之好我，示（视）我周行。

yōu yōu lù míng shí yě zhī hāo wǒ yǒu jiā bīn dé yīn

呦呦鹿鸣，食野之蒿。我有嘉宾，德音

kǒng zhāo shì mín bù tiāo jūn zǐ shì zé shì xiào wǒ yǒu zhǐ
孔昭。视民不恌，君子是则是效。我有旨

jiǔ jiā bīn shì yàn yǐ áo áo
酒，嘉宾式燕以敖（遨）。

yōu yōu lù míng shí yě zhī qín wǒ yǒu jiā bīn gǔ sè
呦呦鹿鸣，食野之芩。我有嘉宾，鼓瑟

gǔ qín gǔ sè gǔ qín hé lè qiě dān wǒ yǒu zhǐ jiǔ yǐ
鼓琴。鼓瑟鼓琴，和乐且湛。我有旨酒，以

yàn lè jiā bīn zhī xīn
燕乐嘉宾之心。

cháng dì
常棣

cháng dì zhī huā è bù wěi wěi fán jīn zhī rén mò rú
常棣之华，鄂不韡韡。凡今之人，莫如

xiōng dì
兄弟。

sǐ sāng zhī wēi xiōng dì kǒng huái yuán xí póu yǐ xiōng dì
死丧之威，兄弟孔怀。原隰裒矣，兄弟

qiú yǐ
求矣。

jǐ lìng zài yuán xiōng dì jí nàn měi yǒu liáng péng kuàng yě
脊令在原，兄弟急难。每有良朋，况也

yǒng tàn
永叹。

xiōng dì xì yú qiáng wài yù qí wǔ wǔ měi yǒu liáng
兄弟阋于墙，外御其务（侮）。每有良

péng zhēng yě wú róng
朋，烝也无戎。

sāng luàn jì píng jì ān qiě níng suī yǒu xiōng dì bù rú
丧乱既平，既安且宁。虽有兄弟，不如

yǒu shēng
友生？

bīn ěr biān dòu yǐn jiǔ zhī yù xiōng dì jì jù hé lè
傧尔笾豆，饮酒之饫。兄弟既具，和乐

qiě rú
且孺。

qī zi hǎo hé rú gǔ sè qín xiōng dì jì xī hé lè
妻子好合，如鼓瑟琴。兄弟既翕，和乐
qiě dān
且湛。

yí ěr shì jiā lè ěr qī nú nú shì jiū shì
宜尔室家，乐尔妻帑（孥）。是究是
tú dǎn qí rán hū
图，亶其然乎？

fá mù
伐木

fá mù zhēngzhēng niǎo míng yīng yīng chū zì yōu gǔ qiān yú
伐木丁丁，鸟鸣嘤嘤。出自幽谷，迁于
qiáo mù yīng qí míng yǐ qiú qí yǒu shēng xiàng bǐ niǎo yǐ yóu
乔木。嘤其鸣矣，求其友声。相彼鸟矣，犹
qiú yǒu shēng shěn yī rén yǐ bù qiú yǒu shēng shén zhī tīng zhī
求友声。矧伊人矣，不求友生？神之听之，
zhōng hé qiě píng
终和且平。

fá mù hǔ hǔ shī jiǔ yǒu yǔ jì yǒu féi zhù yǐ sù
伐木许许，酾酒有藇！既有肥羜，以速
zhū fù nìng shì bù lái wēi wǒ fú gù yú càn sǎ sǎo chén
诸父。宁适不来，微我弗顾。於粲洒扫，陈
kuì bā guǐ jì yǒu féi mǔ yǐ sù zhū jiù nìng shì bù lái
馈八簋。既有肥牡，以速诸舅。宁适不来，
wēi wǒ yǒu jiù
微我有咎。

fá mù yú bǎn shī jiǔ yǒu yǎn biān dòu yǒu jiàn xiōng dì
伐木于阪，酾酒有衍。笾豆有践，兄弟
wú yuǎn mín zhī shī dé gān gān hóu yǐ qiān yǒu jiǔ xǔ
无远。民之失德，乾（干）餱以愆。有酒湑

wǒ wú jiǔ gū wǒ kǎn kǎn gǔ wǒ dūn dūn wǔ wǒ dài wǒ
我，无酒酤我。坎坎鼓我，蹲蹲舞我。迨我
xiá yǐ yǐn cǐ xǔ yǐ
暇矣，饮此湑矣。

cǎi wēi
采薇

cǎi wēi cǎi wēi wēi yì zuò zhǐ yuē guī yuē guī suì yì
采薇采薇，薇亦作止。曰归曰归，岁亦
mò zhǐ mǐ shì mǐ jiā xiǎn yǔn zhī gù bù huáng qǐ jū xiǎn
莫止。靡室靡家，玁狁之故。不遑启居，玁
yǔn zhī gù
狁之故。

cǎi wēi cǎi wēi wēi yì róu zhǐ yuē guī yuē guī xīn yì
采薇采薇，薇亦柔止。曰归曰归，心亦
yōu zhǐ yōu xīn liè liè zài jī zài kě wǒ shù wèi dìng mǐ
忧止。忧心烈烈，载饥载渴。我戍未定，靡
shǐ guī pìn
使归聘。

cǎi wēi cǎi wēi wēi yì gāng zhǐ yuē guī yuē guī suì yì
采薇采薇，薇亦刚止。曰归曰归，岁亦
yáng zhǐ wáng shì mǐ gǔ bù huáng qǐ chù yōu xīn kǒng jiù
阳止。王事靡盬，不遑启处。忧心孔疚，
wǒ xíng bù lái
我行不来。

bǐ ěr wéi hé wéi cháng zhī huā bǐ lù sī hé jūn zǐ
彼尔维何？维常之华。彼路斯何？君子
zhī chē róng chē jì jià sì mǔ yè yè qǐ gǎn dìng jū yí
之车。戎车既驾，四牡业业。岂敢定居？一
yuè sān jié
月三捷。

jià bǐ sì mǔ sì mǔ kuí kuí jūn zǐ suǒ yī xiǎo rén
驾彼四牡，四牡骙骙。君子所依，小人

suǒ féi sì mǔ yì yì xiàng mǐ yú fú qǐ bú rì jiè xiǎn
所腓。四牡翼翼，象弭鱼服。岂不日戒？玁
yǔn kǒng jí
狁孔棘。

xī wǒ wǎng yǐ yáng liǔ yī yī jīn wǒ lái sī yǔ xuě
昔我往矣，杨柳依依。今我来思，雨雪
fēi fēi xíng dào chí chí zài kě zài jī wǒ xīn shāng bēi mò
霏霏。行道迟迟，载渴载饥。我心伤悲，莫
zhī wǒ āi
知我哀！

chū chē
出车

wǒ chū wǒ chē yú bǐ mù yǐ zì tiān zǐ suǒ wèi wǒ
我出我车，于彼牧矣。自天子所，谓我
lái yǐ zhào bǐ pú fū wèi zhī zài yǐ wáng shì duō nàn wéi
来矣。召彼仆夫，谓之载矣。王事多难，维
qí jí yǐ
其棘矣。

wǒ chū wǒ chē yú bǐ jiāo yǐ shè cǐ zhào yǐ jiàn bǐ
我出我车，于彼郊矣。设此旐矣，建彼
máo yǐ bǐ yú zhào sī hú bú pèi pèi yōu xīn qiǎo qiǎo pú
旄矣。彼旟旐斯，胡不旆旆？忧心悄悄，仆
fū kuàng cuì
夫况瘁。

wáng mìng nán zhòng wǎng chéng yú fāng chū chē péng péng qí
王命南仲，往城于方。出车彭彭，旂
qí zhào yāng yāng tiān zǐ mìng wǒ chéng bǐ shuò fāng hè hè
（旗）旐央央。天子命我，城彼朔方。赫赫
nán zhòng xiǎn yǔn yú xiāng
南仲，玁狁于襄。

xī wǒ wǎng yǐ shǔ jì fāng huā jīn wǒ lái sī yǔ xuě
昔我往矣，黍稷方华。今我来思，雨雪

zài tú wáng shì duō nàn bù huáng qǐ jū qǐ bù huái guī wèi
载途。王事多难，不遑启居。岂不怀归？畏
cǐ jiǎn shū
此简书。

yāo yāo cǎo chóng tì tì fù zhōng wèi jiàn jūn zǐ yōu xīn
喓喓草虫，趯趯阜螽。未见君子，忧心
chōng chōng jì jiàn jūn zǐ wǒ xīn zé jiàng hè hè nán zhòng
忡忡。既见君子，我心则降。赫赫南仲，
bó fá xī róng
薄伐西戎。

chūn rì chí chí huì mù qī qī cāng gēng jiē jiē cǎi fán
春日迟迟，卉木萋萋。仓庚喈喈，采蘩
qí qí zhí xùn huò chǒu bó yán huán guī hè hè nán zhòng xiǎn
祁祁。执讯获丑，薄言还归。赫赫南仲，玁
yǔn yú yí
狁于夷。

xiǎo yǎ nán yǒu jiā yú zhī shí
小雅　南有嘉鱼之什

chē gōng
车攻

wǒ chē jì gōng wǒ mǎ jì tóng sì mǔ lóng lóng jià yán
我车既攻，我马既同。四牡庞庞，驾言
cú dōng
徂东。

tián chē jì hǎo tián mǔ kǒng fù dōng yǒu pǔ pǔ
田车既好，田牡孔阜。东有甫（圃）
cǎo jià yán xíng shòu
草，驾言行狩。

zhī zǐ yú miáo suàn suàn tú xiāo xiāo jiàn zhào shè
之子于苗，选（算）徒嚣嚣。建旐设
máo bó shòu yú áo
旄，搏兽于敖。

jià bǐ sì mǔ　sì mǔ yì yì　chì fú jīn xì　huì tóng yǒu yì
驾彼四牡，四牡奕奕。赤芾金舄，会同有绎。

jué shí jì cì　gōng shǐ jì tiáo　shè fū jì tóng　zhù wǒ jǔ zì　zì
决拾既佽，弓矢既调。射夫既同，助我举柴（㾄）。

sì huáng jì jià　liǎng cān bù yǐ　yǐ　bù shī qí chí　shě shǐ rú pò
四黄既驾，两骖不猗（倚）。不失其驰，舍矢如破。

xiāo xiāo mǎ míng　yōu yōu pèi jīng　tú yù bù jīng　dà páo bù yíng
萧萧马鸣，悠悠旆旌。徒御不惊，大庖不盈。

zhī zǐ yú zhēng　yǒu wén wú shēng　yǔn yǐ jūn zǐ　zhǎn yě dà chéng
之子于征，有闻无声。允矣君子，展也大成。

xiǎo yǎ　hóng yàn zhī shí
小雅　鸿雁之什

hóng yàn
鸿雁

hóng yàn yú fēi　sù sù qí yǔ　zhī zǐ yú zhēng　qú láo yú yě　yuán jí jīn rén　āi cǐ guān guǎ
鸿雁于飞，肃肃其羽。之子于征，劬劳于野。爰及矜人，哀此鳏寡。

hóng yàn yú fēi　jí yú zhōng zé　zhī zǐ yú yuán　bǎi dǔ jiē zuò　suī zé qú láo　qí jiū ān zhái
鸿雁于飞，集于中泽。之子于垣，百堵皆作。虽则劬劳，其究安宅？

hóng yàn yú fēi　āi míng áo áo　wéi cǐ zhé rén　wèi wǒ
鸿雁于飞，哀鸣嗷嗷。维此哲人，谓我
qú láo　wéi bǐ yú rén　wèi wǒ xuān jiāo
劬劳。维彼愚人，谓我宣骄。

tíng liáo
庭燎

yè rú hé jī　yè wèi yāng　tíng liáo zhī guāng
夜如何其？夜未央，庭燎之光。
jūn zǐ zhì zhǐ　luán shēng jiāng jiāng
君子至止，鸾声将将。
yè rú hé jī　yè wèi ài　tíng liáo zhé zhé
夜如何其？夜未艾，庭燎晣晣。
jūn zǐ zhì zhǐ　luán shēng huì huì
君子至止，鸾声哕哕。
yè rú hé jī　yè xiàng　xiàng　chén　tíng liáo yǒu huī
夜如何其？夜乡（向）晨，庭燎有辉。
jūn zǐ zhì zhǐ　yán guān qí qí　qí
君子至止，言观其旂（旗）。

hè míng
鹤鸣

hè míng yú jiǔ gāo　shēng wén yú yě　yú qián zài yuān　huò
鹤鸣于九皋，声闻于野。鱼潜在渊，或
zài yú zhǔ　lè bǐ zhī yuán　yuán yǒu shù tán　qí xià wéi tuò
在于渚。乐彼之园，爰有树檀，其下维萚。
tā shān zhī shí　kě yǐ wéi cuò
他山之石，可以为错。

hè míng yú jiǔ gāo　shēng wén yú tiān　yú zài yú zhǔ　huò
鹤鸣于九皋，声闻于天。鱼在于渚，或
qián zài yuān　lè bǐ zhī yuán　yuán yǒu shù tán　qí xià wéi gǔ
潜在渊。乐彼之园，爰有树檀，其下维榖。
tā shān zhī shí　kě yǐ gōng yù
他山之石，可以攻玉。

wú yáng
无羊

shuí wèi ěr wú yáng　sān bǎi wéi qún
谁谓尔无羊？三百维群。
shuí wèi ěr wú niú　jiǔ shí qí chún
谁谓尔无牛？九十其犉。
ěr yáng lái sī　qí jiǎo jí jí　ěr niú lái sī　qí ěr shī shī
尔羊来思，其角濈濈。尔牛来思，其耳湿湿。

huò jiàng yú ē　huò yǐn yú chí　huò qǐn huò é
或降于阿，或饮于池，或寝或讹。
ěr mù lái sī　hè suō hè lì　huò fù qí hóu
尔牧来思，何蓑何笠，或负其餱。
sān shí wéi wù　ěr shēng zé jù
三十维物，尔牲则具。

ěr mù lái sī　yǐ xīn yǐ zhēng　yǐ cí yǐ xióng
尔牧来思，以薪以蒸，以雌以雄。
ěr yáng lái sī　jīn jīn jīng jīng　bù qiān bù bēng
尔羊来思，矜矜兢兢，不骞不崩。
huī zhī yǐ gōng　bì lái jì shēng
麾之以肱，毕来既升。

mù rén nǎi mèng　zhòng wéi yú yǐ　zhào wéi yú yǐ
牧人乃梦，众维鱼矣，旐维旟矣。
tài tài rén zhàn zhī　zhòng wéi yú yǐ　shí wéi fēng nián
大（太）人占之；众维鱼矣，实维丰年。
zhào wéi yú yǐ　shì jiā zhēn zhēn
旐维旟矣，室家溱溱。

xiǎo yǎ jié nán shān zhī shí

小雅　节南山之什

zhēng yuè

正月

zhēng yuè fán shuāng wǒ xīn yōu shāng mín zhī é yán yì kǒng
正月繁霜，我心忧伤。民之讹言，亦孔
zhī jiāng niàn wǒ dú xī yōu xīn jīng jīng āi wǒ xiǎo xīn shǔ
之将。念我独兮，忧心京京。哀我小心，癙
yōu yǐ yǎng
忧以痒。

fù mǔ shēng wǒ hú bǐ wǒ yù bú zì wǒ xiān bú zì
父母生我，胡俾我瘉？不自我先，不自
wǒ hòu hǎo yán zì kǒu yǒu yán zì kǒu yōu xīn yù yù shì
我后。好言自口，莠言自口。忧心愈愈，是
yǐ yǒu wǔ
以有侮。

yōu xīn qióng qióng niàn wǒ wú lù mín zhī wú gū bìng qí
忧心惸惸，念我无禄。民之无辜，并其
chén pú āi wǒ rén sī yú hé cóng lù zhān wū yuán zhǐ yú
臣仆。哀我人斯，于何从禄？瞻乌爰止，于
shuí zhī wū
谁之屋？

zhān bǐ zhōng lín hóu xīn hóu zhēng mín jīn fāng dài shì tiān
瞻彼中林，侯薪侯蒸。民今方殆，视天
mèng mèng jì kè yǒu dìng mǐ rén fú shèng yǒu huáng shàng dì
梦梦。既克有定，靡人弗胜。有皇上帝，
yī shuí yún zēng
伊谁云憎？

wèi shān hé hé bēi wéi gāng wéi líng mín zhī é
谓山盖（盍）卑，为冈为陵。民之讹
yán nìng mò zhī chéng zhào bǐ gù lǎo xùn zhī zhān mèng jù yuē
言，宁莫之惩。召彼故老，讯之占梦。具曰
yú shèng shuí zhī wū zhī cí xióng
予圣，谁知乌之雌雄！

谓天盖（盍）高，不敢不局。谓地盖（盍）厚，不敢不蹐。维号斯言，有伦有脊。哀今之人，胡为虺蜴？

瞻彼阪田，有菀其特。天之抓我，如不我克。彼求我则，如不我得。执我仇仇，亦不我力。

心之忧矣，如或结之。今兹之正，胡然厉矣？燎之方扬，宁或灭之？赫赫宗周，褒姒灭之！

终其永怀，又窘阴雨。其车既载，乃弃尔辅。载输尔载，将伯助予！

无弃尔辅，员于尔辐。屡顾尔仆，不输尔载。终逾绝险，曾是不意。

鱼在于沼，亦匪克乐。潜虽伏矣，亦孔之炤（昭）。忧心惨惨，念国之为虐！

彼有旨酒，又有嘉肴。洽比其邻，昏（婚）姻孔云。念我独兮，忧心慇慇。

cǐ cǐ bǐ yǒu wū sù sù fāng yǒu gǔ mín jīn zhī wú
佌佌彼有屋，蔌蔌方有谷。民今之无
lù tiān yāo shì zhuó gě yǐ fù rén āi cǐ qióng dú
禄，天夭是椓。哿矣富人，哀此惸独。

xiǎo pán
小弁

pán pán bǐ yù sī guī fēi tí tí mín mò bù
弁（般）彼鷽斯，归飞提提。民莫不
gǔ wǒ dú yú lí hé gū yú tiān wǒ zuì yī hé xīn zhī
穀，我独于罹。何辜于天？我罪伊何？心之
yōu yǐ yún rú zhī hé
忧矣，云如之何？

dí dí zhōu dào jū wéi mào cǎo wǒ xīn yōu shāng nì yān
踧踧周道，鞫为茂草。我心忧伤，惄焉
rú dǎo jiǎ mèi yǒng tàn wéi yōu yòng lǎo xīn zhī yōu yǐ chèn
如捣。假寐永叹，维忧用老。心之忧矣，疢
rú jí shǒu
如疾首。

wéi sāng yǔ zǐ bì gōng jìng zhǐ mǐ zhān fěi fù mǐ yī
维桑与梓，必恭敬止。靡瞻匪父，靡依
fěi mǔ bù zhǔ yú máo bù lí yú lǐ tiān zhī shēng wǒ wǒ
匪母。不属于毛？不罹于里？天之生我，我
chén ān zài
辰安在？

yù bǐ liǔ sī míng tiáo huì huì yǒu cuǐ zhě yuān huán wěi
菀彼柳斯，鸣蜩嘒嘒，有漼者渊，萑苇
pì pì pì bǐ zhōu liú bù zhī suǒ jiè xīn zhī yōu yǐ bù
淠淠。譬彼舟流，不知所届，心之忧矣，不
huáng jiǎ mèi
遑假寐。

lù sī zhī bēn wéi zú qí qí zhì zhī zhāo gòu shàng qiú
鹿斯之奔，维足伎伎。雉之朝雊，尚求

qí cí pì bǐ huài mù jí yòng wú zhī xīn zhī yōu yǐ nìng
其雌。譬彼坏木，疾用无枝。心之忧矣，宁
mò zhī zhī
莫之知？

xiàng bǐ tóu tù shàng huò xiān zhī háng yǒu sǐ rén shàng huò
相彼投兔，尚或先之。行有死人，尚或
jìn zhī jūn zǐ bǐng xīn wéi qí rěn zhī xīn zhī yōu yǐ tì
墐之。君子秉心，维其忍之。心之忧矣，涕
jì yǔn zhī
既陨之。

jūn zǐ xìn chán rú huò chóu zhī jūn zǐ bú huì bù shū
君子信谗，如或酬之。君子不惠，不舒
jiū zhī fá mù jǐ yǐ xī xīn chǐ yǐ shě bǐ yǒu zuì yú
究之。伐木掎矣，析薪扡矣。舍彼有罪，予
zhī tuó yǐ
之佗矣。

mò gāo fěi shān mò jùn fěi quán jūn zǐ wú yì yóu yán
莫高匪山，莫浚匪泉。君子无易由言，
ěr zhǔ yú yuán wú shì wǒ liáng wú fā wǒ gǒu wǒ gōng bú
耳属于垣。无逝我梁，无发我笱。我躬不
yuè huáng xù wǒ hòu
阅，遑恤我后。

xiǎo yǎ gǔ fēng zhī shí
小雅 谷风之什

lù é
蓼莪

lù lù zhě é fěi é yī hāo āi āi fù mǔ shēng wǒ
蓼蓼者莪，匪莪伊蒿。哀哀父母，生我
qú láo
劬劳。

lù lù zhě é lù é yī wèi āi āi fù mǔ shēng wǒ
蓼蓼者莪，蓼莪伊蔚。哀哀父母，生我

láo cuì
劳瘁。

píng zhī qìng yǐ wéi léi zhī chǐ sī sī mín zhī
瓶之罄矣，维罍之耻。鲜（斯）民之
shēng bù rú sǐ zhī jiǔ yǐ wú fù hé hù wú mǔ hé shì
生，不如死之久矣。无父何怙？无母何恃？
chū zé xián xù rù zé mǐ zhì
出则衔恤，入则靡至。

fù xī shēng wǒ mǔ xī jū wǒ fǔ wǒ xù wǒ zhǎng wǒ
父兮生我，母兮鞠我。抚我畜我，长我
yù wǒ gù wǒ fù wǒ chū rù fù wǒ yù bào zhī dé hào
育我，顾我复我，出入腹我。欲报之德。昊
tiān wǎng jí
天罔极！

nán shān liè liè piāo fēng fā fā mín mò bù gǔ wǒ dú
南山烈烈，飘风发发。民莫不穀，我独
hé hài nán shān lǜ lǜ piāo fēng fú fú mín mò bù gǔ wǒ
何害！南山律律，飘风弗弗。民莫不穀，我
dú bù zú
独不卒！

běi shān
北山

zhì bǐ běi shān yán cǎi qí qǐ xié xié shì zǐ zhāo xī
陟彼北山，言采其杞。偕偕士子，朝夕
cóng shì wáng shì mǐ gǔ yōu wǒ fù mǔ
从事。王事靡盬，忧我父母。

pǔ tiān zhī xià mò fēi wáng tǔ shuài tǔ zhī bīn mò fēi
溥天之下，莫非王土。率土之滨，莫非
wáng chén dà fū bù jūn wǒ cóng shì dú xián
王臣。大夫不均，我从事独贤。

sì mǔ bāng bāng wáng shì páng páng jiā wǒ wèi lǎo xiān wǒ
四牡彭彭，王事傍傍。嘉我未老，鲜我

fāng jiāng lǚ lì fāng gāng jīng yíng sì fāng

方将。旅力方刚，经营四方。

huò yàn yàn jū xī huò jìn cuì shì guó huò xī yǎn zài chuáng huò bù yǐ yú xíng

或燕燕居息，或尽瘁事国。或息偃在床，或不已于行。

huò bù zhī jiào hào huò cǎn cǎn qú láo huò qī chí yǎn yǎng huò wáng shì yāng zhǎng

或不知叫号，或惨惨劬劳；或栖迟偃仰，或王事鞅掌。

huò dān lè yǐn jiǔ huò cǎn cǎn wèi jiù huò chū rù fēng fěng yì huò mǐ shì bù wéi

或湛乐饮酒，或惨惨畏咎；或出入风（讽）议，或靡事不为。

xiǎo yǎ fǔ tián zhī shí
小雅　甫田之什

dà tián
大田

dà tián duō jià jì zhǒng jì jiè jì bèi nǎi shì

大田多稼，既种既戒，既备乃事。

yǐ wǒ yǎn yǎn sì chù zài nán mǔ bō jué bǎi gǔ

以我覃（剡）耜，俶载南亩，播厥百谷。

jì tǐng tǐng qiě shuò zēng sūn shì ruò

既庭（挺）且硕，曾孙是若。

jì fáng fáng jì zào zào jì jiān jì hǎo bù láng bù yǒu

既方（房）既皁（皂），既坚既好，不稂不莠。

qù qí míng tè jí qí máo zéi wú hài wǒ tián zhì
去其螟螣，及其蟊贼，无害我田稺。
tián zǔ yǒu shén bǐng bì yán huǒ
田祖有神，秉畀炎火。

yǒu yǎn qī qī xīng yǔ qí qí yù wǒ gōng tián suì jí
有渰萋萋，兴雨祈祈。雨我公田，遂及
wǒ sī
我私。
bǐ yǒu bú huò zhì cǐ yǒu bù liǎn jì
彼有不获稺，此有不敛穧。
bǐ yǒu yí bǐng cǐ yǒu zhì suì yī guǎ fù zhī lì
彼有遗秉，此有滞穗，伊寡妇之利。

zēng sūn lái zhǐ yǐ qí fù zǐ yè bǐ nán mǔ tián jùn
曾孙来止，以其妇子，馌彼南亩。田畯
zhì chì chì
至喜（饎）。
lái fāng yīn sì yǐ qí xīng hēi
来方禋祀，以其骍黑。
yǔ qí shǔ jì yǐ xiǎng yǐ sì yǐ jiè jǐng fú
与其黍稷，以享以祀，以介景福。

xiǎo yǎ yú zǎo zhī shí
小雅 鱼藻之什

cǎi lù
采绿

zhōng zhāo cǎi lù lù bù yíng yì jū yú fà qū
终朝采绿（菉），不盈一匊。予发曲
jú bó yán guī mù
局，薄言归沐。
zhōng zhāo cǎi lán bù yíng yì chān wǔ rì wéi qī liù rì
终朝采蓝，不盈一襜。五日为期，六日

bù zhān
不詹。

zhī zǐ yú shòu yán chàng qí gōng zhī zǐ yú diào yán lún
之子于狩，言韔其弓。之子于钓，言纶
zhī shéng
之绳。

qí diào wéi hé wéi fáng jí xù wéi fáng jí xù bó yán
其钓维何？维鲂及鲊。维鲂及鲊，薄言
guān zhě
观者。

tiáo zhī huā
苕之华

tiáo zhī huā yún qí huáng yǐ xīn zhī yōu yǐ wéi qí
苕之华，芸其黄矣。心之忧矣，维其
shāng yǐ
伤矣！

tiáo zhī huā qí yè qīng qīng zhī wǒ rú cǐ bù rú wú
苕之华，其叶青青。知我如此，不如无
shēng
生！

zāng yáng fén shǒu sān xīng zài liǔ rén kě yǐ shí xiǎn kě
牂羊坟首，三星在罶。人可以食，鲜可
yǐ bǎo
以饱！

hàn lū
旱麓

zhān bǐ hàn lù zhēn kǔ jǐ jǐ kǎi tì jūn zǐ gān lù
瞻彼旱麓，榛楛济济。岂弟君子，干禄
kǎi tì
岂弟。

sè bǐ yù zàn huáng liú zài zhōng kǎi tì jūn zǐ fú lù
瑟彼玉瓒，黄流在中。岂弟君子，福禄

yōu jiàng
攸降。

yuān fēi lì tiān, yú yuè yú yuān. kǎi tì jūn zǐ, xiá bú
鸢飞戾天，鱼跃于渊。岂弟君子，遐不

zuò rén
作人？

qīng jiǔ jì zài, xīng mǔ jì bèi. yǐ xiǎng yǐ sì, yǐ jiè
清酒既载，骍牡既备。以享以祀，以介

jǐng fú
景福。

sè bǐ zhà yù, mín suǒ liáo yǐ. kǎi tì jūn zǐ, shén suǒ
瑟彼柞棫，民所燎矣。岂弟君子，神所

láo yǐ
劳矣。

mò mò gě lěi, yì yú tiáo méi. kǎi tì jūn zǐ, qiú fú
莫莫葛藟，施于条枚。岂弟君子，求福

bù huí
不回。

后 记

作为一个有着悠久历史和文化的国度，中国自古以来就非常重视教材的编撰工作。古代很多重要蒙学读物都是当时饱读诗书、满腹经纶的大学者担纲选编的。这不仅体现了中华民族对教育的极力重视，也体现了中国知识分子对文化传承与创造的责任担当。随着文明的变迁和社会的转型，民国时期的中小学教材与课外读物的编写得到了进一步的重视，蔡元培、张元济、王云五、顾颉刚、叶圣陶、丰子恺、朱自清等文化名家热情参与了以白话文为语言、以民主科学思想为内容的现代新教材编撰工作。图文并茂、黑白相间、言简意赅、郎朗上口、思想自由、质朴清新的民国中小学教材至今散发着迷人的魅力，让人感慨不已。新中国的中小学教材撷取古今中外的文学经典，有着很强的语言典范性、文学趣味性和现代思想性。但是，由于一考定终身的、僵化的招考机制，文学教育被束缚在应试教育的战车上，存在着现代与传统、文学与语言、思想与情感的割裂问题，传统文学与文化更是被肢解的支离破碎而难以获得文化的整体感，无法实现完整的生命情感教育。

正是基于这一文学教育现状，济南市妇女儿童活动中心作为有着丰富教育经验的校外教育单位，多年来从优秀传统文化中汲取精髓，以对教育责任的深入思考，总结提炼出“教天地人事，育生命自觉”的育人理念和“厚德笃学，乐行尚美”的核心价值文化，对少年儿童潜移默化地进行生命自觉教育。2012年，中心建成中华文化体验基地，在少年儿童中广泛推行适合其认知和参与的传统文化体验项目。同时，构建适合儿童身心特点的生命自觉教育体系，着力完善少年儿童世界观、人生观、价值观的双格教育培养。2014年6月，中心组织申报《中华文化体验基地及课程体系建设研究》课题，被华东校外教育研究与发展中心立项为华东区域级重点课题。《中华传统文化校外教材系列丛书》就是这一课题的重要研究成果。本教材旨在通过传统文化知识的学习与传承，引导少年儿童实现人与他人、人与社会、人与自然，尤其是人与自我的和谐健康发展。教材编写过程中，中心坚持高起点定位、高标准推进，组织精干教师力量，与万松浦书院、山东大学、山东师范大学有关专家学者以及中小学、幼儿教育专家联手，组建起一支高层次、大规模的编写团队。茅盾文学奖获得者、著名作家、山东省作协主席、万松浦书院院长张炜先生亲自担任教材编辑委员会主任，全国优秀儿童文学奖获奖者、著名儿童文学作家、出版家刘海栖先生担任教材编辑委员会顾问，为教材编写提出了富有文学想象力和艺术创意的宝贵建议。

具体说来，本丛书教材特色如下：

一、系统性和有序性。按照4～12岁年段循序渐进的原则，全教材构成了严整的、系统的中华传统文化学习体系。计划共计三套12本，其中《中华传统诗文研习》教材6本，《中华传统经典诵读》教材4本，《中华传统艺能体验》教材2本。本丛书实现了从传统经典、传世诗文、传统文化知识到传统文化技艺的整体性学习，从国学经典诵读、诗文吟咏到传统技艺身体力行的听、说、读、写、练的全身心体验式学习。

二、科学性和现代性。本教材以教育部印发的《完善中华优秀传统文化教育指导纲要》为指导，以传承优秀传统文化、践行社会主义核心价值观为根本目标，确保教材内容的科学性和现代性。传统只有活在当下、进行现代性转化，才能与当代社会文化、思想情感、日常生活发生内在的关联，获得内在的生命活力。因此，本教材在传承与弘扬传统文化经典的同时，有意识培养孩子对传统文化的现代性思考意识，促进优秀传统文化的现代转化与发展。

三、参与性和实践性。针对当前传统文化教育中普遍存在的重知识、轻实践的培养倾向，教材编写坚持“知行合一”的原则，以品德培养、行为养成为单元主线，强调通过活动情境和活动方式的设计，凸显儿童传统文化教育的参与性、实践性。让孩子在学习活动参与中和日常生活行为实践中，体验传统文化的丰富内涵，形成正确的人生观、价值观，真正发挥传统文化的育人、化人功能，实现传统文化教育从课堂到家庭与社会、从理论知识到日常实践的知行合一。

四、文学性与趣味性。在山东省作协主席、著名作家张炜先生的策划和著名儿童文学作家、出版家刘海栖先生的指导下，本教材将传统文化教育内容纳入一个整体的童话故事中（主人物为多思猫和好奇兔），并配上原创插图，可谓奇思异想纷呈，妙趣横生。精选的教材内容与个性化插图相得益彰，遵循少年儿童的认知规律，体现出超强的趣味性。

五、权威性与原创性。本教材的经典编选、文化阐释与体例结构的编排，都是由具有中国古典文学、中国古典文献学、中国现当代文学博士学位的学者与从事幼儿、中小学教育的专家教授亲自审定与集体研讨而确定的。从每一个诗文编选到整体的编排设计，乃至每一个课后题、课后故事的链接都是经过专家精心设计的。可谓用心良苦。从某种意义上而言，本教材无论内容还是形式，都有别于一般的儿童传统文化教材，是经过全新编创，有着极高的权威性和原创性。

21世纪的中国正处于一个前所未有的中华文明复兴新时代。文化是一个民族生生不息、繁荣进步的永恒动力。在复兴中华文明、弘扬传统文化的新时代里，《中华传统文化校外教材系列丛书》可谓生逢其时也。本系列教材作为针对少年儿童进行中华优秀传统文化教育的校外教育专用教材，必将发挥其应有的价值。对于这一古往今来极为重要的教材编撰事业而言，尽管我们始终战战兢兢、尽心尽力做好这一事业，但是限于编者的水平及能力，本丛书教材仍存在着不足和局限，恳请诸位大家、教材使用者和广大读者批评指正。我们将在今后的修订中进一步完善。

2016年1月29日

张丽军